Frank Giesenberg

Irland

Das Reich der Feen

mit Fotografien
von Theo Broere

EULEN VERLAG

ISBN 3-89102-466-5

www.eulenverlag.de

Inhalt

Irland – Das Reich der Feen

VORBEMERKUNG

Feen sind menschenscheue, in ihre Welt versponnene Geschöpfe. Von Talkshows im Fernsehen, *home stories* in Regenbogengazetten, Werbeauftritten, Pressekonferenzen und anderen Arten der öffentlichen Zurschaustellung halten sie nichts. Mehr noch, auch der seriösen wissenschaftlichen Untersuchung widersetzen sie sich mit allen ihnen zur Verfügung stehenden Mitteln, als da wären: Erstens, sie verschwinden einfach aus dem Blick und entziehen dem Forscher damit sein „Objekt"; zweitens, sie ändern ständig ihr Aussehen und Verhalten, sodass ihm eine Klassifikation schwer fällt; drittens, sie versetzen dem allzu Neugierigen einen „Schlag" und befördern ihn so in einen Dämmerzustand. Dies hat zur Folge, dass seine Beobachtungen von der *scientific community* als unglaubwürdig verworfen werden.

Da Letzteres dem Autor bei seiner Feldforschung gleich zweimal unterlief, entschloss er sich für die vorliegende Studie zu einer anderen Vorgehensweise: Statt Feen sammelte er Geschichten über sie. Diese wertete er aus und fasste die schlagendsten Beispiele mit elfengleicher Großzügigkeit in seinen eigenen Worten zusammen. Bislang wurde er von weiteren Angriffen verschont. Mögen auch Sie unversehrt bleiben, wenn Sie das Folgende lesen.

Die HERKUNFT DER FEEN

Feen gelten den Zeitgenossen für gewöhnlich als freundliche und sanftmütige Wesen von zarter Konstitution, die ständig darum bemüht sind, den Menschen aus Notlagen herauszuhelfen oder sie auf den Weg des Guten zu führen. Dieses Bild, im 19. Jahrhundert in pädagogischem Interesse entworfen, dient noch immer als Vorlage für Kinderbücher. Die Furcht erregenden Eigenschaften und Tendenzen, die feenartige Wesen in der Volkstradition besaßen, wurden dabei verdrängt, ihre Naturwüchsigkeit immer weiter zurückgenommen, bis aus den alten Elementarkräften, die dem Menschen oft genug Schaden zufügten, schließlich niedliche Püppchen mit putzigem Aussehen oder ätherisch anmutende Erscheinungen geworden waren. Zwar werden die Feen in der Tat oft mit dem Beinamen „gutes Volk" versehen. Aber wie bei den blutrünstigen Furien der Griechen, die man „Eumeniden", also „die Wohlwollenden", nannte, handelt es sich um eine beschwichtigende Ehrerbietung mit der Funktion, jene, die so schnell aus der Fassung geraten, gewissermaßen vorsorglich gnädig zu stimmen, um sie davon abzuhalten, Ernten zu vernichten, Kühe unfruchtbar oder Kinder krank zu machen.

Im keltischen Kulturraum entstand der Glaube an Feen im engeren Sinne mit der Christianisierung, in Irland also etwa in der Zeit vom 5. bis zum 7. Jahrhundert. Die alten irischen Gottheiten und Naturgeister, die Tuatha De Danann, wurden damals vom christlichen Gott ver-

drängt, lebten aber in verkleinerter Gestalt im Volksglauben fort. Sie waren Abkömmlinge einer griechischen Muttergottheit mit Namen Dana oder Danu. Einst landeten sie, umhüllt von magischem Nebel, der sie drei Tage lang verbarg, an der Küste der Grünen Insel und nahmen das Land dank ihrer Zauberkünste und ihres strategischen Talents in Besitz. Doch schon bald wurden sie ihrerseits von den Milesiern (den Söhnen Mils), einem Menschengeschlecht, angegriffen. Zunächst konnten die Tuatha De Danann die Invasoren durch ihre Zauberkräfte abwehren, doch schließlich siegten die Sterblichen. Man einigte sich darauf, dass die Eroberer die Erdoberfläche und die besiegten Götter die Höhlen unter dem Land und im Meer bewohnen sollten.

Bereits die Milesier nannten die Tuatha De Danann *sidhe,* „Feen". Wenn ihre Nachfahren auch nicht mehr unter dem Namen Tuatha De Danann bekannt sind, kann man bei ihnen doch viele Eigenschaften der einstigen Götter wiederfinden. Sie sind nicht nur wie diese ausgezeichnete Musiker, insbesondere Harfenspieler, und haben eine Leidenschaft für Rassepferde. Auch sind sie Wächter über ein überaus reiches Land und ihre Paläste weisen jeden nur erdenklichen Luxus auf. Darüber hinaus aber sind es vor allem ihre übernatürlichen Eigenschaften und Fähigkeiten, die auf eine gemeinsame Abstammung schließen lassen. Wie die Götter, so kennen auch die Feen keine Grenzen der Zeit, sind in den Zauberkünsten bewandert und können willentlich ihre Gestalt ändern.

Diese Indizien sprechen gegen die bisweilen vorgetragene These, die Tuatha De Danann seien durch die Hand der Milesier gestorben, weshalb die Feen notwendigerweise von anderer Herkunft sein müssten. Vielmehr dürfte es sich so darstellen, dass die Milesier von den besiegten Tuatha Da Danann zunächst abhängig blieben. Als Götter waren diese Herrscher über die Elemente und bestimmten, wie die Ernte oder der Fischfang ausfiel. Darum mussten die Sterblichen ihnen Opfer bringen, um sie sich gewogen zu machen. Mit der Zeit aber scheinen sich Götter und Menschen auseinander gelebt zu haben. Die Menschen wurden skeptisch, die Götter gleichgültig. Diese wachsende Distanz kommt mittelbar in der folgenden Erzählung von der Königin Edain zum Ausdruck.

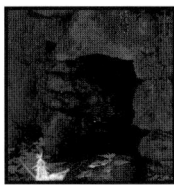

Die Liebe König Midars

Eines Tages sah der König von Munster ein wunderschönes Mädchen beim Bad. Er verliebte sich Hals über Kopf in sie und machte sie zu seiner Königin. Die Schönheit der Frau, deren Name Edain war, kam dem mächtigen König der Tuatha De Danann, Midar, zu Ohren. Er verkleidete sich als Barde und ging an den Hof des Königs von Munster, um sich ein Bild von der Königin zu machen. Dort angekommen, forderte er den König zu einer Partie Schach heraus. Dieser zögerte, aber Edain kam seiner Entscheidung zuvor und brachte dem Fremden das Schachbrett. Midar war von ihrem Anblick so überwältigt, dass er kein Wort zu sagen wusste, und auch die Königin schien von ihm sehr beeindruckt. Dann aber ließ sie die Schachspieler allein. Der Fremde gewann die Partie und beanspruchte als Preis – natürlich die junge Königin. Der König müsse sie ihm, sagte er, aber erst in einem Jahr geben. Dann verschwand er.

Auf die Nacht genau zwölf Monate später veranstaltete der König für alle Prinzen ein großes Fest in Tara. Vor dem Palast ließ er Scharen von Kriegern aufmarschieren. Allen Fremden untersagte er bei Strafe des Todes die Festung zu betreten.

Die Feierlichkeiten dauerten bis Mitternacht. Genau da erblickte der König inmitten des Saales den Fremden. Er erschrak, zumal niemand außer ihm selbst ihn wahrzunehmen schien. Unterdessen sah Midar der Königin fest in die Augen und spielte ihr auf seiner goldenen Harfe ein Ständchen, in welchem er sie fragte, ob sie ihm in seinen Palast folgen wolle. Dann legte er seinen Arm um sie und führte sie an den Gästen vorbei aus

der Festung. Niemand hinderte ihn daran. Der König, der es nur allzu gerne getan hätte, konnte sich weder rühren noch Widerworte geben. Als er aus dem Bann entlassen war, begriff er, dass der Fremde, der seine wunderschöne Gattin entführt hatte, ein Oberhaupt der Tuatha De Danann sein musste.

Nun forderte er alle Könige Irlands auf, die Festungen der Tuatha zu zerstören und das Volk so lange zu verfolgen, bis Midar die Königin zurückgebracht hätte. Doch sie kam nicht. Aus Rache befahl der König daraufhin, alle Ställe, in denen die Pferde der Tuatha gehalten wurden, zuzusperren, sodass die Tiere vor Hunger stürben. Aber die Pferde ließen sich von keinen Stangen und Stäben halten. Sie gewannen das Freie und verbreiteten sich im ganzen Land. Als nun die Kriegsführer sahen, wie elegant und geschmeidig sie waren, lag ihr Augenmerk einzig noch darauf, wie sie in den Besitz dieser prächtigen Tiere kommen konnten, und sie gaben die Suche nach der Königin auf. Dies erregte wiederum den Zorn des Herrschers. Er ließ dem Oberdruiden ausrichten, er werde ihn töten, wenn er ihm nicht sagen könne, wo seine Frau versteckt sei.

Der Druide schnitzte vier Oghams, alte Schriftzeichen, in vier Zauberstäbe aus Haselholz, und so wurde ihm offenbar, dass sich Königin Edain tief unter der Erde in der Mitte Irlands im Palast von Midar, dem Feenkönig, befand.

Jetzt zog der König ein großes Heer zusammen, umzingelte den Hügel und ließ immer tiefer graben, bis der Mittelpunkt der Erde erreicht war. Als seine Krieger vor dem Tor des Feenpalastes standen, zauberte ihnen Midar fünfzig schöne Frauen herbei, die allesamt der Königin

bis aufs Haar glichen, sodass sie nicht entscheiden konnten, ob sie darunter war oder nicht. Aber als Edain ihren Mann so nah bei sich sah, fühlte sie die alte Liebe zu ihm, und Midars Zauber verlor seine Macht über sie. So ging sie zum König hinüber auf die andere Seite des Tores. Er hob sie zu sich auf sein Pferd, küsste sie zärtlich und brachte sie zum Palast von Tara zurück, wo sie glücklich bis ans Ende ihrer Tage lebten.

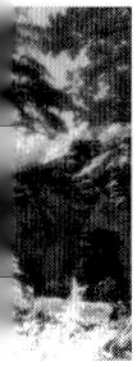

GEFALLENE ENGEL?

Als christliche Missionare im 5. Jahrhundert nach Irland gelangten, mussten sie zunächst den Glauben an die Tuatha De Danann schwächen. Sie stuften sie daher auf das Niveau von Helden herab und nahmen ihnen auf diese Weise die göttliche Aura. Später erklärten die christlichen Glaubensstreiter sie für tot – was sich mit historischen Wesen natürlich erheblich leichter bewerkstelligen ließ als mit Göttern. Wenn nun aber die Krieger der alten Zeit nicht mehr existierten, so stellte sich den alteingesessenen Iren die Frage, wer bewohnte dann die Unterwelt und forderte seine Loyalität ein? Die christlichen Prediger gaben zur Antwort, es handele sich um Engel. Und zur Erklärung, wie diese vom Himmel unter die Erde kamen, entwickelten sie den folgenden Mythos:

Als Satan gegen Gott rebellierte und sich viele Engel auf seine Seite schlugen, standen die wenig kriegerisch veranlagten Feen unentschlossen dabei, ohne sich aber eindeutig von den Empörern zu distanzieren. Sie taktierten und warteten den Ausgang der Schlacht ab, um sich dann der siegreichen Partei anzuschließen. Nachdem die Aufständischen verloren hatten, wurden die Feen von Gott aus dem Paradies verbannt, gewissermaßen als Strafe für unterlassene Hilfeleistung. Der heilige Michael allerdings setzte sich für sie ein, und so fiel Gottes Strafe vergleichsweise milde aus: Die Feen stürzten nicht in die Hölle, sondern bloß auf die Erde, wo sie sich im Innern der Berge und unter Wasser einrichteten. Manche blieben auch in der Luft hängen, wo sie – unsichtbar – hohe, windartige Pfeiftöne von sich geben.

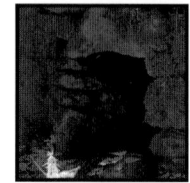

Dabei scheinen einige aber dem Inferno schon verdammt nahe gekommen zu sein. Bisweilen gelten sie deshalb als Abgesandte des Teufels, der ihnen Kraft und Wissen mitgegeben habe, um Böses anzurichten. Nicht von ungefähr wird als probates Mittel gegen feeische Ränke sowie als Test auf unchristliche Zauberkraft immer wieder Feuer und heiliges Wasser empfohlen.

Diese dunkle Seite der Feen kommt außerdem darin zum Ausdruck, dass sie zumeist des Nachts (und dann bei Mondschein) in Erscheinung treten, wobei sie eine besondere Aktivität in der ersten Mainacht, in der Nacht der Sommersonnenwende und zum keltischen Samhainfest am 1. November entwickeln, also an den alten heidnischen Festtagen. Dann ziehen die Feenvölker, angeführt von König und Königin, in Kavalkaden übers Land, feiern Feste, statten Besuche ab oder veranstalten Kriegszüge. Jedem Sterblichen wird dringend empfohlen, eine Übernachtung unter freiem Himmel, etwa an Seen, Flüssen oder gar in einem Feenfort, zu vermeiden. Ein Nickerchen an solchen Orten, selbst am Tage, könnte nämlich unversehens sieben Jahre dauern – oder ewig. Denn Feen auf Reisen, so will es die ältere Erzähltradition, nehmen alles mit, was ihnen auf ihrem Weg begegnet – Kühe, Hühner, tote oder eben auch lebende Menschen. Am Ende des Umzuges sollen sie dann ein großes Mahl veranstalten und ihre Opfer verspeisen.

Eine Begründung für diese Abscheu gegen die Menschen liefert die Annahme, dass den Feen der Zugang zum Paradies versperrt sei. Dies habe in ihnen Verbitterung hervorgerufen und mache sie für uns in der Zeit zwischen Halloween und Weihnachten so gefährlich. Denn es sei dann ihre Aufgabe, die Seelen der jüngst Verstorbenen zum Himmel zu geleiten. Aber aus Groll über ihr Schicksal zerrten sie auch jene, denen sie dabei zufällig begegnen, mit ins Jenseits.

Aufgrund ihrer unrühmlichen Vergangenheit leben die Feen, so heißt es von christlicher Seite, außerdem in der Furcht, am Jüngsten Tag der endgültigen Verdammnis anheim zu fallen. Ihre Abneigung gegen die Menschen rühre von dem Glauben her, dass diese sie beerben und ihre Stelle im Himmel einnehmen könnten. Denn auch nach Jahrtausenden des Exils hegen sie noch immer die Hoffnung, dass ihnen dieses Schicksal erspart bleiben möge. Alle sieben Jahre träfen sie sich daher auf dem *Siodh Dune*, dem Berg des Friedens, auf den sich einst die Druiden zum Gebet zurückzogen, um darüber zu klagen, dass sie aus dem Himmel verstoßen wurden. Um Gewissheit über das Jüngste Gericht zu erlangen, versuchten sie bisweilen, Heilige, Weise oder, wie im Folgenden, auch einfach den Dorfpfarrer zu einem fachmännischen Urteil über ihre Zukunft zu bewegen:

Pater Staffard wurde eines Tages gebeten, einen Krankenbesuch in einer entlegenen Hütte in der Nähe von Ballindagin zu machen. Er blieb länger als vorgesehen, und so war es schon ziemlich dunkel, als er die Unterkunft verließ. Staffard war darüber nicht sonderlich beunruhigt. Er wusste, dass er nur in nordöstliche Richtung gehen musste, um zu einem Pfad zu kommen, der zu der Straße nach Duffrey führte.

Der Pfarrer machte sich also auf den Weg. Dann aber zogen Wolken auf und er geriet vollends in die Dunkelheit. Der Pfad war kaum mehr von dem rostbraun gefärbten Gras zu unterscheiden. Schließlich verlor Staffard auf dem großen Feld die Orientierung. Da er ja aber irgendwann auf eine Begrenzung stoßen musste, ging er einfach schnurstracks geradeaus. Tatsächlich gelangte er nach einiger Zeit zu einer Mauer, nur wuchsen an ihr Stechginster und Dornbüsche herauf, sodass er nicht hinüberklettern konnte. Plötzlich vernahm er ein Rauschen, das wie von Flügeln erzeugt klang. Dann sprach ihn eine wohlklingende Stimme an: „Gibst du uns eine günstige Antwort, wirst du in wenigen Minuten auf der Straße sein."

„Wer seid ihr, und wie lautet die Frage?", wollte der Pfarrer wissen und bekam zur Antwort: „Wir sind das gute Volk und wollen am Jüngsten Tag nicht an der Seite des Satans stehen. Sag uns, dass der Erlöser auch für uns gestorben ist."

Der Pfarrer erwiderte, gern wolle er das bejahen, doch müssten auch sie ihm etwas bestätigen, nämlich dass sie den Sohn Gottes liebten und verehrten. Die Elfen gaben keine Antwort. Nur ein leiser, heller Schrei war zu hören und das Schlagen ihrer Flügel, als ob eine Last von ihnen genommen sei. Im selben Augenblick lichtete sich der Himmel und ein schwacher Strahl fiel auf den Punkt, wo Pfarrer Staffard stand, sodass er den Pfad und eine dornenfreie Stelle erkennen konnte. Er gelangte auf das Nachbarfeld und bald darauf auf die Straße nach Duffrey.

Wie böse sind die Feen nun tatsächlich? Nimmt man ihre „Ursünde", so ist ihre Schuld wohl eher als Indifferenz zu bestimmen: Feen sind wahllos in ihren Vorlieben, denn es fehlt ihnen jegliche moralische Urteilskraft. Sie handeln also nicht wider besseren Wissens und sind des-

halb nicht „radikal" böse, sondern böse nur insofern, als sie überhaupt aus der göttlichen (und mithin menschlichen) Ordnung herausfallen – das eben wäre die Bedeutung ihres Himmelssturzes. Und gerade weil sie dem Menschen gegenüber derart „gleichgültig" sind, sind sie in ihrem Verhalten so unberechenbar.

Die ELFEN

Im 19. Jahrhundert veränderte sich das Bild der Feen grundlegend: Sie wurden „humanisiert". Nur in einer Beziehung haben sie ihre radikale Andersartigkeit behalten: Da ihr Körper nicht vergeht, sind Feen unsterblich, jedenfalls bis zum Jüngsten Gericht. Über ihr weiteres Los scheiden sich die Geister. Weil sie nicht unbefleckt sind, so die Vertreter der Engeltheorie, haben sie kein Anrecht auf ein ewiges Leben im Paradies. Die „heidnischen" Gegner dieser Auffassung insistieren jedoch auf die Göttlichkeit der Feen und mithin auf ihre Unsterblichkeit.

Ganz allgemein lassen sich die Feen in Staaten bildende und Einzelgänger unterscheiden. Die Ersteren wollen wir im Folgenden der Eindeutigkeit halber unter dem Namen „Elfen" zusammenfassen. Wie bei den Menschen gibt es zweierlei Geschlecht und wie bei jenen ist auch bei ihnen, jedenfalls zwischenzeitlich, das eine dem anderen zugetan. Dann heiraten Elf und Elfe und gründen eine Familie. Wie bei den Menschen kommt es nun auch bei ihnen gelegentlich zum Ehekrach, was nicht zuletzt damit zusammenhängen dürfte, dass die männlichen Elfen von Gleichberechtigung nicht allzu viel halten. Eine irische Redewendung jedenfalls bringt die Beziehung der Eheleute auf die bezeichnende Formel: „Die beiden sind eins, aber er ist mehr eins als sie."

Elfen führen gemeinsam Pläne aus und verbringen ihre Freizeit zusammen. Sie spielen etwa Ball miteinander und tanzen gern. Die Versammlungen der Elfen fin-

den vorzugsweise an lauschigen Plätzen wie zum Beispiel alten Eichen statt. Ein untrügliches Zeichen elfischer Umtriebe sind die so genannten Feenringe: Flecken von abgestorbenem, fauligem Gras, wie es in Irland häufig anzutreffen ist. Von Seiten der Biologie wird dieses Phänomen zwar einem Pilzbefall zugerechnet, doch sind sich Feenkundler darin einig, dass seine wahre Ursache im unablässigen Auf-den-Boden-Stampfen tanzwütiger Elfen liegt.

Vor allem aber scheint die Musik es ihnen angetan zu haben, und hier besonders der Gesang. Ihre Lieder kommen wohl denen der Iren nahe: Sie sind klagend, wehmütig und voller Pathos, können aber auch wild und übermütig sein. Es verwundert daher nicht, dass elfische Musik auch Menschen zu rühren vermag, und zwar so sehr, dass, wer einmal die Harfe der Elfen gehört hat, alle Erinnerung an Liebe und Hass verliert, ja überhaupt alles um sich herum vergisst. Dies mag verlockend klingen, ist aber mehr als gefährlich: Wenn der Bann bricht, stirbt der Kunstsinnige.

Obwohl die Elfen eifersüchtig über ihre eigenen Lieder wachen, zeigen sie doch starkes Interesse an der Musik der Sterblichen. Häufig sind sie unsichtbar bei Totenwachen oder Hochzeiten anwesend, um der menschlichen Musik zu lauschen oder auf einem Nachbarhügel zu ihr zu tanzen. Manchmal machen sie es sich auch unter einem Dach bequem und hören einem Dudelsackspieler zu. Bei einem hervorragenden Solo sparen sie nicht mit Beifall und Belohnung.

Dies durfte der beste Geiger von Nordkerry erfahren, als er sich auf dem Heimweg von einer Hochzeit befand.

Die Fiedel in der Hand, sein Bein nachziehend, humpelte er an einem Feenfort vorbei und wurde vom guten Volk um eine Zugabe gebeten. Der Geiger wollte nicht unhöflich sein, nahm seine Fiedel und spielte trotz großer Müdigkeit bis zum Morgengrauen, ohne sich auch nur einmal zu vertun. Die Elfen dankten es ihm großzügig: Am Tage konnte er sein steifes Bein wieder bewegen. Einem Lahmen aber, der ihnen unwillig ein paar Noten herunterspielte, wurde auch noch das zweite Bein weich wie Pudding.

Die elfische Vorliebe für die angenehmen Dinge des Lebens findet ihre Ergänzung in einer gewissen Neigung zu Schönheit und Luxus.

Zu festlichen Anlässen schmücken sich die Wesen mit den Schätzen der Erde wie Diamanten, Perlen und Gold. Für ihre Kleider bevorzugen die Damen silbrig schimmernde Gaze. Wenn sie sich in den Gefilden der Sterblichen befinden, tragen sie weißen Stoff, weil er sich gegen das Schwarz der Nacht gut abhebt und die Menschen in Angst und Schrecken versetzt. Mit ihrem bis zum Boden reichenden blonden Haar, das sie wie eine Schleppe umgibt, und ihrem wohl proportionierten Körper gibt die Elfendame eine edle Erscheinung ab. Entgegen der allgemeinen Vorstellung sind Elfen nämlich keineswegs winzig, sondern von geradezu griechischem Ebenmaß, wiewohl sie leichter, „luftiger" und geschmeidiger sind und sich fast katzenhaft gleitend fortbewegen. Die männlichen Feen tragen dagegen eine Menge Rot, insbesondere einen roten Hut, denn Rot ist die Farbe der Magie; dies kombinieren sie mit einem unmagisch irischen Grün.

Elfen haben etwas gegen Geizhälse, die jeden Apfel vom Baum pflücken, die Kuh bis „zum Anschlag" melken und die Ähre bis aufs letzte Korn dreschen. Gerne versammeln sie sich um die schwelende Glut eines Feuers und leeren die Weinkrüge und Milchkannen, die eine fürsorgliche Hausfrau ihnen stets herausstellen wird. Auch sollte sie immer einen Bottich mit sauberem Wasser zurücklassen, in dem sie ein Bad nehmen können. Am wichtigsten aber ist: Man harke nie das Kaminfeuer aus (bzw. lasse die Heizung laufen), wenn man zu Bett geht: Elfen haben es gern warm und gemütlich, wenn sie bei Ihnen zu Hause ihren Rat abhalten!

Überhaupt mögen sie es, wenn man sich um sie kümmert und sie umschmeichelt. Dann segnen sie den Wohltäter und über ihn und seine Familie bricht das Glück herein: Der Hof prosperiert. Nicht selten verraten sie auch das Versteck eines Goldschatzes, weihen die Menschen in die Geheimnisse der Kräuterkunde ein oder sprechen Zaubersprüche, die ein Leben retten, einen Kranken gesund machen oder bewirken, dass eine Liebe plötzlich erwidert wird. Kurz, die Iren scheinen die Elfen nach ihrem Selbstbild geschaffen zu haben. Nur in einem unterscheiden sie sich: Nie hat man je eine Elfe betrunken gesehen.

In einem weiteren Charakterzug stimmen die Elfen dagegen wieder auffällig mit den Iren überein. So gesellig sie sind, sie dulden doch keine Verletzung ihrer Privatsphäre. Vor allem gegenüber ungebetenen Gästen sind sie ungehalten. Diese Abscheu geht so weit, dass sie auf ihren Umzügen ihren Hofnarren dazu abstellen, sich um etwaige Passanten zu kümmern: Er verwirrt ihren Sinn, indem er sie mit seinem Stab berührt. Jedem Sterb-

lichen sei angesichts der drohenden Gefahr eines solchen Schlages angeraten, sich nicht in die inneren Angelegenheiten der Feen einzumischen. Im Unterschied zu den Aufmerksamkeit heischenden Menschen ist den Elfen nämlich Popularität oder gar Ruhm gleichgültig, weshalb sie auch urplötzlich verschwinden, sobald man sie etwa bei einer ihrer Feiern „erwischt". Der Beobachter bleibt dann mit der Frage zurück, ob alles vielleicht nur Einbildung war, was er gesehen hat. Und glaubt er wirklich daran, so glaubt ihm keiner ...

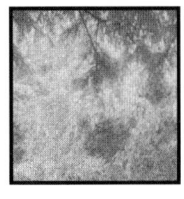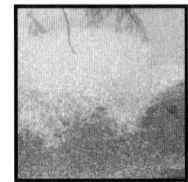

Der Flug nach London

Von derartigen Überzeugungsschwierigkeiten kann uns der Bauer Thomas McCaughan aus Craig berichten. Er machte mit einem der kräftigen Winde Bekanntschaft, den die Elfen beim Ausschwärmen erzeugen.

Eines Abends, es war kurz vor Halloween, näherte sich McCaughan neugierig einem von Lichtern erhellten Feenschloss, das sich in Nachbarschaft zu seinem Hof befand. Plötzlich vernahm er ein Stimmengewirr, ein ärgerliches Murmeln. Im selben Augenblick wurde er von einem Windstoß erfasst, der ihn unter einem Drücken und Stechen, das von Fingern herzurühren schien, davontrug. Immer weiter flog McCaughan, über den Atlantik hinaus bis nach England. Hier, im Land des nüchternen Wirklichkeitssinnes, ließ die magische Kraft der Elfen allmählich nach und McCaughan sank aus großer Höhe herab, bis er schließlich in London den Boden erreichte. Mittellos wie er war, konnte er die Rückreise nicht bezahlen und sah sich gezwungen, als Handlanger zu arbeiten. Zwei Jahre lang verdingte er sich als Tellerwäscher, Straßenfeger und Gepäckträger, dann hatte er endlich das Geld für eine Schiffsüberfahrt und Geschenke für Frau und Kind zusammen.

Als Thomas McCaughan am Kai stand, um sich nach der Heimat einzuschiffen, spürte er wiederum den mit Flüstern und Murmeln angefüllten Wind und das Stoßen und Drücken. Gleich darauf wurde McCaughan mitsamt seiner Geschenke heim nach Irland getragen. Über seinem Anwesen ließ der Wind plötzlich nach und der Bauer fiel zu Boden. Gewiss würde die Freude der Familie groß sein, ihn nach so langer Zeit wieder bei sich zu haben, dachte er. Doch weder Frau noch Tochter nahmen Notiz von ihm. Natürlich war Thomas McCaughan von ihrer Gleichgültigkeit enttäuscht. „Was für ein Wiedersehen", hielt er ihnen vor. „Ich glaubte, ihr würdet nach den zwei Jahren, die ich fort war, etwas zuvorkommender und freundlicher zu mir sein!" – „Was erzählst du da für einen Unsinn", hielt ihm die Tochter entgegen, „du bist doch gerade einmal zwei Minuten weg!" Verdutzt erzählte McCaughan von seiner Reise nach London und reichte seiner Frau zum Beweis das Paket mit dem Geschenk. Doch statt des Kleides, das er ihr gekauft zu haben glaubte, fand sie in ihm nur Kuhdung vor. Dann öffnete die Tochter ihr Paket: Derselbe übel riechende Inhalt. Als der Bauer daraufhin seine Taschen nach dem Geld durchsuchte, das er in den zwei Jahren verdient hatte, kam statt englischer Münzen wiederum nur der Mist seines Viehs, vermischt mit Steinen und Eicheln, zum Vorschein. War Thomas McCaughan den Einflüsterungen der Elfen erlegen?

Die überflutete Stadt

Einige Forscher meinen, das gute Volk habe seinen Namen *Aes Sidhe* von den Erdhügeln her, in denen es wohnt. Tatsächlich haben die Feen aber auch andere Unterkünfte bezogen wie zum Beispiel wilde Bergklüfte und Unterwasserhöhlen. Desgleichen bewohnen sie einsame Schluchten und steil aufragende Felsen, oder sie haben sich in alte Burgen und Schlösser der Menschen einquartiert. Nicht zuletzt kann man sie auf verlassenen Friedhöfen und in Kirchenruinen antreffen. Die meisten Feen leben jedoch innerhalb von so genannten *Raths* oder *Forts*. Dabei handelt es sich um kreisförmige Hügelflächen von etwa einem halben Hektar, die durch steinerne Befestigungen umschlossen wurden.

Auf Eindringlinge in ihre Behausungen reagieren die Elfen unnachsichtig und mit der Aufbietung aller Mittel. Ein Junge aus der Grafschaft Queen legte sich eines Abends auf ein Hügelgrab und lauschte der Elfenmusik. Nach einiger Zeit begann er, ohne weiter darüber nachzudenken, kleine Bällchen aus dem Ton des Untergrunds zu bilden und sie zum Zeitvertreib hierhin und dorthin zu werfen. Plötzlich wurde er von einem kräftigen Schlag niedergestreckt. Als man ihn später fand und aus der Bewusstlosigkeit zurückholte, fing er wie ein Schaf zu blöken an, und es dauerte ziemlich lange, bis er wieder bei Sinnen war.

Versuche, Feenhügel einzuebnen, scheiterten daher immer wieder am mangelnden Einsatz der Landbevölkerung. Als etwa ein Grundbesitzer auf einer Insel im Upper Lake von Killarney eine Feenfestung dem Erdboden gleichmachen wollte, um Ackerland zu gewinnen, wurden die Arbeiten zwar begonnen, doch schon bald darauf eingestellt. Die Bauern hatten eines Morgens bei der Überfahrt zur Insel einen Zug von ungefähr zweihundert wie Mönche gekleideten Personen und kleinen, leuchtenden Gestalten gesehen, die dabei waren, die Insel zu verlassen. Die Bauern befürchteten Schlimmes für sich und konnten nicht mehr zum Weiterschaufeln bewegt werden.

Vom Lough Key bei Roscommon, der eine Ausbuchtung des River Boyle und ein Zufluss für den Shannon ist, wird erzählt, dass man bei niedrigem Wasserstand auf seinem Grund die Ruinen einer Stadt erblicken könne. Einst hätten ihre Einwohner versucht, einen mit dem guten Volk geschlossenen Vertrag eigenmächtig außer Kraft zu setzen, wonach die Stadt nur unter der Bedingung gebaut werden durfte, dass die dortigen Hügelgräber unberührt blieben. Lange Zeit hatten Mensch und Fee tatsächlich friedlich nebeneinander gewohnt. Aber als man auf der Suche nach fruchtbarem Land war, beschlossen die Stadtbewohner trotz der Warnung der örtlichen Feenmänner (der Fachleute für alle Feenangelegenheiten), einige Hügel und Gräber einzuebnen.

Kurz nach der Urbarmachung ging ein Einwohner durch die Schlucht oberhalb der Stadt und erblickte ein Volk von etwa einhunderttausend Personen in grünen Jacken. Sie schleppten Steine und Erde herbei, um quer durch den Glen eine Wand zu bauen. Der Mann lief nach Hause, nahm Frau und Kinder mit sich und bestieg mit ihnen einen Hügel. Von dort konnte er sehen, wie das umgelenkte Wasser in die Stadt gespült wurde und sie überschwemmte. Niemand sonst überlebte die Flut.

Feen sind nicht nur Schützer, sondern auch Gestalter von Landschaften. So wird die Entstehung des Oberen Sees von Killarney durch das Walten einer Fee erklärt: Es heißt, die Elfenkönigin von Kerry habe ihren Liebhaber, den Prinzen O'Donohue, bestrafen wollen, als er sich in eine andere verliebte und der Königin gestand, dass er diese zur Frau nehmen wolle. Maßlos enttäuscht, sagte sie ihm, er könne sie zwar heiraten, aber nie werde er sich mit ihr in seinem Schloss vereinigen.

In der Hochzeitsnacht, als die Gesellschaft beim Bankett zusammensaß und die Getränke ausgingen, trat der Mundschenk vor den Prinzen und sprach zu ihm: „Hier kommt das Wasser!" Der Prinz wetterte, er solle sich mit seinem Wasser bloß davonmachen, an einem solchen Festtag trinke man etwas anderes! Doch als er den Mundschenk ob seiner vermeintlichen Frechheit schlagen wollte, flüsterte ihm ein Edelmann ins Ohr, er solle rennen, das Schloss stünde schon halb unter Wasser! Nur knapp, weil ihn die Königin denn doch nicht vernichten wollte, entkam der Prinz dem Tod. Später baute er sich auf dem Hügel oberhalb des Anwesens, das seither vom Wasser überspült war, ein neues Schloss, wo er mit seiner Frau den Rest seiner Tage lebte.

Im Palast der Elfen

Wenn man bei Vollmond dreimal um eine Feenfestung herumgeht, gelangt man in das Innere des Palastes. Das ist aber leichter gesagt als getan. Stechginster steht der Neugierde zumeist im Wege. Da sich die Paläste oft im Innern von Hügeln befinden, scheint es mehr Erfolg zu versprechen, wenn man zufällig durch einen unterirdischen Gang hineinstolpert. Jedenfalls ist es uns so in zahlreichen Geschichten überliefert.

Zwar variiert die Innenausstattung der Paläste, aber sie alle lassen die generelle Vorliebe der Elfen für Prunk und Pomp erkennen. Wenn die vielen Gemächer auch kaum je von einem Sterblichen vollständig durchschritten wurden, kann doch das Folgende als gesichert gelten: Fast immer trifft man auf Kristallwände, goldene Flure und silberne Säulen; die Seepaläste sind selbstverständlich mit Perlen verziert.

Eigentlich verhält es sich mit den Feenschlössern ähnlich wie mit den Feenfrauen: Ihr Anblick ist so überwältigend, dass man ihn kaum beschreiben kann. Gleichwohl gibt es Zweifel an der Festigkeit der Bauten: Einige Ingenieure behaupten, sie seien noch schneller zerstört (nämlich mit einem Spatenstich) als aufgebaut (nämlich in zehn Minuten). Andere meinen sogar, die Paläste seien nichts anderes als rohe, feuchte Höhlen mit moosbewachsenen Wänden, von denen es herabtropft. Nur einem Feenzauber sei es zu verdanken, dass man in ihnen prächtige Kristallbauten sehe.

Und wieder andere, so Jemmy Doyle, sind möglicherweise nur in ihrer Stammkneipe gewesen:

Als besagter Jemmy eines Abends von Scollagh Gap herabkam, sah er dort, wo bislang eine Wirtschaft stand, ein hell erleuchtetes Schloss, aus dem Rufe und Gelächter drangen. Da die Tür weit offen stand, ging er hinein und trat in eine große Halle mit prächtigen Lüstern und Wandbehängen. Wo er mit seinen Freunden schon so manches Bier getrunken hatte, saßen jetzt an langen Tischen hunderte von Elfen samt König und Königin. Sie alle waren festlich gekleidet und aßen und tranken nach Herzenslust. Dazu wurde auf einer Empore alte irische Flöten- und Harfenmusik gespielt. Als die Königin Jemmy erblickte, rief sie ihn beim Namen und forderte ihn auf, Platz zu nehmen und mit ihnen anzustoßen. Jemmy setzte sich also und griff zu dem Glas, das man ihm hinüberschob. Da erkannte er in dem Mann, der neben ihm saß, seinen früheren Nachbarn, der seit mehr als zwanzig Jahren tot war. „Um deines Lebens willen", flüsterte dieser ihm zu, „rühr bloß nichts an von dem, was man dir anbietet!" Alle hoben ihr Gläser, um auf Jemmys Gesundheit zu trinken, und die Königin forderte Jemmy abermals auf, mit ihnen anzustoßen. Nun war der Anblick des Bieres zwar verführerisch, aber Jemmy Doyles Angst war größer als sein Durst, und so zog er es vor, den Inhalt des Glases an seinem Mund und den Blicken der Elfen vorbei auf Mantel und Weste zu gießen. Unterdessen rief die Königin nach Gesang und einer der Gäste trug ein sehr unanständiges irisches Lied vor. Das war der Auftakt zu einem stundenlangen Sängerwettstreit, vor dessen Ende Jemmy im Kreise der Elfen einschlief. Am nächsten Morgen fand man ihn mit zerkratzten Beinen in den Ginsterbüschen in der Nähe von Cromogue. Aus dem Mund roch er nach Punsch.

Mit Blindheit geschlagen

Grundsätzlich lehnen Elfen den Umgang mit Sterblichen ab; viele sind sogar unsichtbar. Einige Moralapostel meinen (wohl um aus ihrer Blindheit eine Tugend zu machen), nur Sünder könnten Elfen sehen. Andere wiederum behaupten, die Ursünde Adams sei der Grund für die Unsichtbarkeit der Elfen.

Tiere sehen in der Tat oft mehr als Menschen, besonders wenn es sich bei Letzteren um egoistische Erfolgsmenschen handelt. Arme und mit einem schlichten Gemüt ausgestattete Menschen, die auf dem Land leben, haben mithin eine größere Chance, einer Elfe zu begegnen, als reiche und gebildete Stadtbewohner. Dieser unzweifelhafte statistische Befund scheint zum einen darin begründet, dass Feen städtischer Asphalt bzw. Kopfsteinpflaster zu hart ist, und zum anderen darin, dass sie keine sozialen Vorurteile kennen. Ferner mag eine Rolle spielen, dass ein Arbeitsloser oder Saisonarbeiter einfach mehr Zeit und also Gelegenheit hat, auf eine Elfe zu treffen. Vielleicht haben Letztere bisweilen aber auch einen Anflug von Mitleid.

Falls es dem Leser an der nötigen Armut mangelt, um jemals eine Elfe zu sehen, oder sein Gemüt zwar schlicht, aber nicht schlicht genug ist, kann ihm vielleicht ein vierblättriges Kleeblatt helfen. Klee ist nämlich ein anerkanntes Mittel gegen die Feenblindheit. Dummerweise sind vierblättrige Exemplare allerdings nicht nur rar; auch scheint es, dass sie immer nur bestimmten Leuten „vor den Füßen wachsen" – als ob sich die Feen genau aussuchten, wer sie sehen soll. Will man also unbedingt einmal eine Elfe zu Gesicht bekommen und (fast) alle Zufälligkeiten ausschließen, so sollte man eine Binse nehmen, sie zu einem Ring winden und mit einem Auge hindurchschauen. Denn dann muss man nur noch das Glück haben, dass auch gerade Feen im Blickfeld sind. Danach wird man sie mit diesem Auge immer sehen können – aber auch nur sie, denn allem Vergänglichen gegenüber ist es von nun an blind.

Einige Besucher des Feenreiches, und so auch derjenige, von dem die folgende Geschichte erzählt, haben jedoch eine wesentlich durchschlagendere Wirkung erzielt, indem sie ihre Finger in eine Kiste in der Feenfestung tauchten oder mit einer Salbe in Berührung kamen, die zur Behandlung von Elfenkinderkrankheiten bestimmt ist. Am Ende konnten sie weder etwas aus dieser noch aus der anderen Welt sehen:

Ein Viehhüter, der als Aushilfsarbeiter tätig war, ging zum Markt in der Nähe von Awnascawil und traf, als es dämmerte, auf seinem Weg auf das gute Volk. Man nahm ihn mit und bog von der Straße auf ein einsames Feld ab, auf dem sich eine große Feenfestung befand. Es war das größte Gebäude, in das er je seinen Fuß gesetzt hatte. Als er in den Festsaal eintrat, war dort eine große Gesellschaft versammelt. Man aß und trank reichlich und bot auch dem Viehhüter an zuzulangen. Doch der hielt sich zurück.

Als die Feen am nächsten Morgen die Festung verließen, konnte er erkennen, wie sie beim Hinaustreten ihre Finger in einen Kasten neben der Tür tauchten und sich dann ein Auge rieben. Ihrem Dudelsackspieler, Tim mit Namen, gaben sie den Auftrag, dafür zu sorgen, dass sich der Viehhüter nicht davonstahl. Als dieser dennoch

Anstalten machte zu gehen, kam es zu einem Handgemenge, bei dem Tim gegen ein Fass geschleudert wurde und sich das Rückgrat brach. Der Viehhüter sprang zur Tür, glitt mit den Fingern in die Kiste und rieb sich gleichfalls ein Auge ein. Fortan konnte er mit diesem Auge jede Fee der Welt erkennen.

Dann lief er fort. Die Nacht verbrachte er unter freiem Himmel auf der Straße. Da am nächsten Tag der Markt abgehalten werden sollte, hielt er am Morgen darauf an einem Haus in der Nähe des Messplatzes an. Es war ein warmer Tag und der Viehhüter war durstig. So bat er in dem Haus um etwas zu trinken.

Sie könne ihm Milch besorgen, sagte die Frau, die ihm öffnete. Er müsse sich nur in der Zwischenzeit um ihr Kind in der Wiege kümmern. Irgendetwas sei mit ihm los seit gestern, es kreische ununterbrochen. Der Viehtreiber erklärte sich einverstanden. Als die Frau fort war, bemerkte er, dass sich das Kreischen anders anhörte als bei einem Kind. Um nachzusehen, was es mit dem Schreihals auf sich hatte, zog er die Decke fort und sah – Tim, den Dudelsackspieler.

Was er hier suche, fragte er. Die Elfen hätten keine Verwendung mehr für ihn gehabt, jetzt, wo sein Rückgrat gebrochen sei, sagte er, und so hätten sie ihn gegen das Baby der Familie ausgetauscht.

Warum er denn so kreische, fragte ihn der Viehhirte. Die Schmerzen, antwortete Tim, wenn man ihn nicht ständig wiegen würde, würde er schon ruhig sein! Und so hörte der Viehhüter damit auf und der Wechselbalg kam zur Ruhe. Als die Hausfrau zurückkam, bot sie ihrem Gast eine Unterkunft für die Nacht an, da er es offensichtlich verstand, mit Kindern umzugehen.

So wurde aus dem Vieh- unversehens ein Kindeshüter.

Am nächsten Morgen wollte der Viehtreiber dem Spuk ein Ende machen. Er bat die Frau des Hauses, zwei Körbe Torf hereinzubringen. Diesen legte er aufs Feuer, und als er loderte, sagte er zu Tim, er würde ihn nun verbrennen, er sei ein schlechter Gast gewesen.

Zuvor jedoch wollte er die Frau in Kenntnis davon setzen, was in ihrem Haus vorging. Doch fand er sie nicht, und als er zurückkam, war Tim verschwunden. Nun fürchtete der Viehhüter, zur Rechenschaft gezogen zu werden. Wie sollte er der Mutter beweisen, dass es sich nur um einen Wechselbalg handelte? Er wählte den Weg der Aufrichtigkeit, erzählte ihr die ganze Geschichte und machte sich mit ihr auf, den Dudelsackspieler zu suchen. Und tatsächlich entdeckten sie ihn im Garten.

Für den Hirten hatte sein Ungehorsam gegenüber den Elfen indes noch ein übles Nachspiel. Auf dem Weg zum Markt nach Awnascawil fühlte er plötzlich, wie ein heftiger Wind aufkam, und so suchte er Schutz unter einer Böschung am Straßengraben. Als der Sturm dann vorbeizog, bemerkte er, dass er von einer Legion von Feen aufgewirbelt wurde. Sie rissen die Kartoffeln aus dem Boden und zerstörten alles ringsumher.

„Welch ein Schande!", rief der Viehhüter. „Die Arbeit armer Leute so zu ruinieren!" Da drehte sich ein schlanker Mann mit rotem Haar und fuchsigem Aussehen um und legte dem Viehhüter seinen Finger auf das Auge. Nie wieder sah dieser eine Fee. Mehr noch: Nie mehr sah er mit diesem Auge irgendetwas.

Vielleicht ist der „Feenblick" also gar nicht so erstrebenswert. Zumal, wenn man bedenkt, dass die Elfen den Sterblichen bisweilen auch Dinge vortäuschen, die gar nicht da sind. Man sieht dann etwa das eigene Haus in Flammen stehen, alarmiert Nachbarn und Feuerwehr und muss ihnen schließlich glaubhaft machen, dass man keineswegs einen Scherz mit ihnen habe treiben wollen.

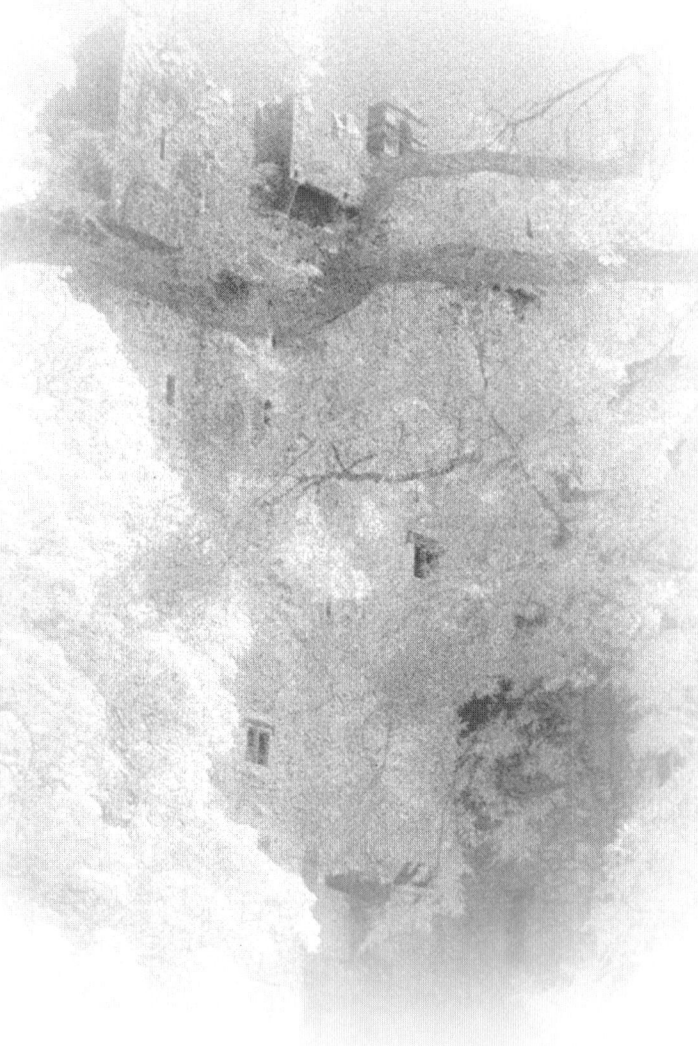

Die verschüttete Milch

Elfen sind durchaus keine Kostverächter, wenn sie auch nie über die Stränge schlagen. Vorzugsweise trinken sie Nektar aus Blütenkelchen und Morgentau. Da aber diese Delikatessen nur selten in den nötigen Mengen vorrätig sind, um ihren Appetit zu stillen, müssen sie auf Nahrungsmittel wie Hühnchen, Truthahn und Hammel (serviert auf goldenem Tablett), ferner Kartoffeln (neue) mit Butter, Pasteten, Kuchen usw. zurückgreifen. Gerne trinken sie dazu einen Schoppen Wein. All diese Leckereien besorgen sie sich mittels ihrer Zauberkünste von den Menschen. Sie selbst sind nämlich viel zu sorg- und kopflos, um Landwirtschaft zu betreiben und jeden Tag in der Frühe die Kühe zu melken. Auch was die Ernährung ihres Nachwuchses abetrifft, verlassen sie sich ganz auf fremde Hilfe, wie John Hanifin erfahren durfte.

Hanifin besaß eine große Rinderherde. Die Kühe wurden jeden Tag auf eine Freifläche vors Haus zum Melken getrieben. In der Mitte des Platzes stand ein großes Fass, in das die Mägde die Eimer mit Milch schütteten. Eines Morgens geschah es, dass das Fass umsturzte und die Milch auslief. Das Gleiche passierte am zweiten und dritten Morgen. Hanifins Frau war über den Verlust sehr verärgert und schimpfte die Mädchen heftig aus. Doch so sehr sie in den folgenden Tagen auch Acht gaben, jedes Mal wenn sie beim Melken zum Ende kamen, stürzte das Fass wieder um und die Milch ging verloren.

Eines Morgens lief Hanifin auf die Weide, um den Hirten zu sagen, dass er die Kühe nach Haus treiben mö-ge, damit sie gemolken würden. Dabei kam er an einer alten Feenfestung vorbei. Gerade als er nach dem Knecht rief, vernahm er aus dem Innern der Festung das Schreien eines Kindes. Es wollte etwas trinken und die Mutter sagte ihm: „Gedulde dich eine Weile, Hanifins Kühe sind schon auf dem Heimweg. Bald werden wir Milch im Überfluss haben."

Als Hanifin wieder zu Hause war, beobachtete er persönlich das Fass. Als eine der Mägde das Melken beendete, lief die Kuh zu einer Färse, die über den Hof in die Nähe des Kübels getrottet war, schob sie gegen den Behälter und brachte ihn so zum Umstürzen. Hanifins Frau stürmte erbost nach draußen und wollte die Magd schelten, aber der Bauer hielt sie zurück und sagte, das Mädchen sei unschuldig. Im Übrigen würde er sich um die Angelegenheit kümmern.

Am nächsten Morgen ging er erneut zu dem Hirten auf die Weide. Als er wiederum das Kind schreien hörte, betrat er die Festung. Ins Dunkel hinein sagte er, morgen werde eine Kuh kalben und niemand würde sie melken. Die Feen könnten also mit ihrer Milch machen, was sie möchten.

Das Fass wurde an diesem Morgen nicht umgesturzt. Als Hanifins Frau die für die Elfen bestimmte Kuh melken wollte, sagte er ihr, er würde das erledigen. Seine Frau bestand darauf, es selbst zu tun, aber als sie zur Kuh kam, fand sie die Euter zu ihrem Erstaunen völlig leer vor. Sie vermutete, die Nachbarn hätten die Milch gestohlen, und wurde ärgerlich, aber Hanifin konnte sie von dem Gedanken abbringen.

Zwei Jahre ging es dem Bauern sehr gut und sein Hof entwickelte sich prächtig. Stets kümmerte er sich

persönlich um die Kuh. Einmal half er, da er ein gutmütiger Kerl war, seinen Nachbarn mit einer Bürgschaft aus, als sie in finanziellen Schwierigkeiten waren. Doch es ergab sich, dass sie nicht imstande waren, ihre Schulden zu begleichen. So sprach der Gerichtsvollzieher bei Hanifin vor und verlangte die Summe von ihm. Da auch er nicht zahlen konnte, beschloss der Beamte, sein Vieh zu verkaufen. Hanifin ging zur Festung und teilte den Elfen die Situation mit, sagte ihnen aber, er wolle zusehen, dass sie ihre Kuh behalten könne.

Als nun drei Beamte das Vieh mitnehmen wollten, mussten sie es an der Festung vorbeitreiben. Da geschah es, dass die Männer plötzlich hin- und hergeworfen wurden, ohne dass sie die Täter sehen konnten, die sie so unsanft behandelten. Die Kühe machten sich unterdessen selbstständig und flohen auf die vor ihnen liegende Weide. Nachdem die Männer von ihrer Misshandlung berichtet hatten, schickte man einen Trupp von zehn Polizisten und Gerichtsvollziehern zu Hanifin. Doch als diese mit dem Vieh die Feenfestung erreichten, wurden sie wiederum malträtiert und wieder lief das Vieh muhend und Schwanz wedelnd auf die Weide. Danach stellten die Behörden ihre Bemühungen ein, die Kühe abzuführen. Die Gläubiger haben ihr Geld niemals gesehen – eine wahrhaft wundersame Wendung!

AUF ABWEGEN

Behandelt man Elfen mit gebührendem Respekt, so können sie durchaus hilfsbereit sein. Diese Erfahrung durfte Barney Noonan aus der Grafschaft Leitrim machen – und musste doch zugleich feststellen, dass man die Nacht nicht vor dem Morgen loben soll.

Barney war ein leutseliger und fleißiger Mann, der, wenn er an dem Hügelgrab in der Nähe seines Feldes vorbeikam, die Elfen, die er dort vermutete, mit einem „Gott schütze euch!" zu grüßen pflegte. Eines Tages nun ging er zum Markt, um dort ein Kalb zu verkaufen. Wie jeder anständige Ire wandte auch er sich gerne einmal der weniger anständigen Seite des Lebens zu, und so nahm er an dem anschließenden Umtrunk teil. Er blieb länger, als er geplant hatte, und kam erst spät in der Nacht heim. Hundemüde fiel er ins Bett und schlief ein. Unterdessen braute sich draußen etwas zusammen. Schließlich wurde Barney von Blitz und Donner geweckt. Sofort fiel ihm das Heu ein, das er zum Trocknen auf dem Feld liegen gelassen hatte. Doch als er hinausschaute, um nachzusehen, ob der Regen schon eingesetzt habe, bemerkte er zu seiner Verwunderung vom Feld bis zur Scheune zahlreiche Feuer, die eine Reihe bildeten. Dann erblickte er ein Volk kleiner Männer und Frauen, die wie an einer Schnur gereiht in äußerster Eile das Heu in den Stall trugen. Ausgerechnet Elfen, die sich doch sonst nie für den Ackerbau hergaben, dachte Barney und war zugleich voller Bewunderung für die Geschwindigkeit, mit der sie das taten. Doch er gab keinen Ton von sich, denn er wusste, das würde die Elfen vertreiben. Als sie mit

ihrem Werk fertig waren, entzündeten sie ein großes Feuer und begannen, zu wilder Musik im Kreis darum zu tanzen. Alsbald brachte ein Männlein Whiskeygläser herbei und schenkte aus einem Krug ein. Als Barney die kleinen Wesen so nach Kräften trinken und feiern sah, konnte er nicht mehr an sich halten, und er rief einigermaßen respektlos: „He, kleines Volk, wie wär's, wenn ihr auch mal einem Sterblichen einen Becher rüberreicht! Möchte meinen, dass ich euch immer gut behandelt habe!" Im Nu waren die Elfen, das Feuer und der Krug verschwunden. Als Barney daraufhin zu Bett ging, hörte er noch, wie es zu regnen anfing. Glücklich darüber, dass, wenn er schon keinen Schluck abbekommen hatte, so doch wenigstens sein Heu im Trockenen war, schlief er ein.

Als er am nächsten Morgen aufwachte, ging er in die Scheune, um nachzusehen, ob die Elfen das Heu auch richtig zusammengelegt hatten, denn sie waren Arbeit, und erst recht diese, ja nicht gewohnt. Er öffnete das Tor und sah – nichts! Sogleich lief er aufs Feld. Tatsächlich: Sie hatten das Heu zurückgebracht, und dort lag es jetzt strohhalmgenau wie am Vortag. Nur war es inzwischen völlig durchnässt.

Achtung, Elfen im Haus!

Um mit Elfen verträglich auszukommen, sollte man einige Grundregeln beachten: Wie schon erwähnt, können sie es nicht ausstehen, wenn man in ihre Wohnungen eindringt. Doch auch hinsichtlich ihrer Lieder sind sie eigen. Sie achten eifersüchtig darauf, dass sie nicht vom Gekrächze eines Sterblichen entweiht werden. Also: Mund halten! Dies gilt auch beim Verzehr von Fleisch. Haben Elfen ein Tier für ihre Zwecke in Beschlag genommen, so zieht man sich gewiss ihren Unmut zu, wenn man es schlachtet und verzehrt.

Wichtiger noch ist das Folgende: Elfen haben eine tief sitzende Abscheu gegen Unsauberkeit und Unordnung aller Art. Ungewaschenes Geschirr, das im Weg herumsteht, dreckige Fußböden, ungepflegte Fingernägel oder ungekämmtes Haar sind ihnen ein Gräuel. Eine Frau beispielsweise verärgerte die Elfen, indem sie einen Eimer Wasser vor ihren Füßen ausschüttete, als sie unsichtbar an der Tür vorbeigingen. Zwar konnte sie nichts dafür, aber Feen fragen nicht nach Gründen und Entschuldigungen.

Ähnlich erging es der Tochter einer gewissen Nora, die über ein Jahr lang mit einem wunden Fuß bettlägerig war. Weder ihre Mutter, eine weise Frau, noch der Arzt aus der Nachbarschaft noch ein Feenarzt wussten ihr zu helfen. Eines Nachts wurde Nora von einem so genannten Dunklen Reiter abgeholt, um bei der Entbindung eines Kindes zu helfen. Im hell erleuchteten Palast begegnete sie einem früheren Nachbarn, der vor langer Zeit verschwunden war und seither im Kreis der Feen ein freudloses, wenn auch prunkvolles Leben führte. Er warnte sie heimlich, von den Elfen irgendetwas anderes als Medikamente anzunehmen.

Noch in derselben Nacht brachte die Königin ein Kind zur Welt und die anwesenden Hofdamen gratulierten der geschickten Hebamme. Die Königin war überglücklich und bot Nora an, sich so viel Gold und Silber aus ihren Schatullen zu nehmen, wie sie wolle. Nora indes erinnerte sich an den Rat des Nachbarn und lehnte dankend ab. Die Königin fand diese Bescheidenheit zwar merkwürdig, nahm sie aber hin und bot Nora stattdessen ein Mahl an. Wieder lehnte sie dankend ab, und auch den Schal, den ihr die Königin geben wollte, nahm sie nicht an. Ob sie nicht bei ihnen im Palast leben wolle, wurde sie daraufhin von der jungen Mutter gefragt. Nora suchte dem Angebot auszuweichen und sagte, dass die alten Frauen im Dorf dann niemanden mehr hätten, der sich um sie kümmere, und sie selbst niemanden, um ein Schwätzchen zu halten. Was sie denn sonst für Nora tun könne, fragte die Königin. Die weise Frau antwortete, ihre Tochter hätte einen wunden Fuß, die Königin möchte doch einen Zauber zu ihren Gunsten wirken. Erbost erwiderte die Königin, alles, aber das könne sie nicht verlangen! Denn ihre Tochter habe die Feen schändlich beleidigt.

Dann erzählte sie ihr die folgende Geschichte: „Vor etwa einem Jahr bin ich mit meinen Hofdamen durch die Lande gezogen, um mich zu vergnügen. Eine von ihnen hat es bei dir zu Hause so sauber und adrett gefunden, dass wir beschlossen, bei dir einzukehren. Das Torffeuer hat ja so herrlich geleuchtet und die Zinngefäße und das Delfter Porzellan auf der Anrichte waren so schön und glänzten so prächtig! So setzten wir uns vor den Kamin, legten unser Service aus und tranken Tee. Da kam deine Tochter aus dem Schlafzimmer, und als sie mit ihren großen Füßen über den Boden schlurfte, stieß sie mich in den Rücken, so dass ich den Tee verschüttete. Verärgert nahm ich das Erste, was ich in die Hand bekam, die Teekanne, und schleuderte sie ihr entgegen. Seither ist der Schnabel der Kanne in ihrem Fuß."

„Aber sie wusste doch gar nicht, dass Sie es sind", erwiderte Nora. Jetzt geriet die Königin ins Grübeln, als ob ihr dieser Gedanke bislang noch nicht gekommen sei. Milde gestimmt, gab sie Nora zuletzt eine Salbe, und ein Bote brachte sie durch die Dämmerung zurück nach Hause. Während des Ritts wurde sie immer müder, bis sie schließlich einschlief. Als sie am nächsten Morgen aufwachte, glaubte Nora zunächst, alles sei ein Traum gewesen, aber dann fand sie die Salbe und rieb den kranken Fuß ihrer Tochter damit ein. Gleich platzte die Haut wie eine Eiterblase auf und der Schnabel der Kanne arbeitete sich aus dem Fuß heraus. Bald konnte sie wieder gehen. Nachdem Nora ihr die Geschichte mit den Elfen erzählt hatte, hat die Tochter es nie wieder gewagt, zu nachtschlafender Zeit durch die Küche zu geistern.

DER HAUSAUSBAU

Eine tragische Entwicklung nahm auch das Leben des Bauern John Cokeley aus Firez, allerdings durch Selbstverschulden. Denn während er nach jeder Nachricht gierte, die ihm die Zeitungen übermittelte, tat er die Lebenserfahrung der Alten als nichtiges Geschwätz ab.

Eines Tages entschloss er sich, sein Haus, das ihm zu klein geworden war, auszubauen. Just da kam ein Nachbar, der mit den Elfen auf freundschaftlichem Fuß stand, vorbei und warf ihm vor, er baue ja den Weg zu. Er solle doch zusehen, dass die Strecke begehbar bleibe, vor allem nachts sei das wichtig.

„Dummes Geschwätz", erwiderte John Cokeley und beendete seinen Anbau so, wie er es geplant hatte. In der Nähe des Kamins sparte er ein kleines Loch in der Mauer aus, worin er von nun an Pfeife und Tabak aufbewahrte. Eines Morgens war sein Tabak fort. Statt seiner lagen dort dreieinhalb Pence, genau der Preis für die fehlende Unze. Da niemand sonst im Haus rauchte, wunderte John Cokeley das plötzliche Verschwinden sehr.

Ein paar Wochen später hörte er des Nachts das Trampeln und Schnaufen von Pferden. Als er hinaussah, konnte er allerdings niemanden erkennen. Er legte sich also wieder hin. Bald darauf fühlte er sich schwach und krank. Der Bekannte, der ihn gewarnt hatte, kam am nächsten Tag, um nach dem Kranken zu sehen. Ohne dass ihm John Cokeley davon berichtet hätte, erklärte er ihm den Sinn des nächtlichen Besuchs. Er sei eine Warnung gewesen, er werde sich aber wieder erholen.

Kurze Zeit später war Cokeley wieder auf den Beinen, fühlte sich jedoch niedergeschlagen. Er begann zu trinken und gab sein ganzes Vermögen für Alkohol aus, sodass er zuletzt keine einzige Kuh mehr besaß und gegen Bezahlung fremdes Vieh auf seinen Weiden grasen lassen musste.

Eines Tages, es dämmerte bereits, ging er zu den Nachbarn, um die Pacht einzutreiben. Nach drei Viertel des Weges begegnete er einer Frau. Unvermittelt spürte er einen Schlag, fiel auf den Kopf und war bewusstlos. Nach einer halben Stunde kam er zu sich und setzte seinen Weg fort. Nach kurzer Zeit wurde er ein zweites Mal getroffen, dann noch ein drittes Mal. Als er abends im Bett lag, fühlte er, wie alle Kraft aus ihm wich. Am nächsten Morgen konnte er sich nicht mehr bewegen.

Da kein Arzt Abhilfe wusste, ging seine Ehefrau zu dem Bekannten und fragte ihn, was zu tun sei. Er riet ihr, einen Zuber mit Wasser zu füllen und ihren Mann neun Tage darin zu baden. Danach solle sie das Wasser ausschütten, aber erst nach Mitternacht, wenn alle im Bett seien, und sie möge darauf achten, dass niemand von der Familie währenddessen vors Haus gehe.

Als sie sich auf den Heimweg machte, sah sie von einer Anhöhe aus ihren Mann im Garten wandeln. Er war so gesund wie eh und je. Aber als sie zu Hause ankam, lag er wie immer krank im Bett. Sie stellte ihn zur Rede. Er antwortete ihr verbittert, dass er natürlich nicht draußen gewesen sei, wie könne ein Toter das Bett verlassen!

Nun bereitete Mrs. Cokeley die Wanne mit Wasser vor und wusch ihren Mann neun Tage lang im selben Wasser. Dann schüttete sie es auf den Steinboden vor dem Haus. Genau in diesem Augenblick aber trat ihr Sohn, den sie so spät nicht mehr zurück erwartete, in den Eingang. Sie erwischte ihn, er kam aus dem Gleichgewicht und brach sich ein Bein.

Als die Frau am Morgen nach Killarney ging, um den Arzt zu holen, begegnete sie wieder dem Nachbarn. Jetzt sei es um sie schlechter als je bestellt, sagte er ihr. Sie könne sich bei seinen Freunden und Nachbarn im Feenreich bedanken, dass sich ihr Sohn nicht den Kopf eingeschlagen habe. Doch habe das Bad so seine Wirkung verfehlt. Gleichwohl werde ihr Mann sie noch nicht verlassen, er sei noch nicht an der Reihe. Sie solle sich aber nicht mehr so sehr um ihn kümmern.

Jedes Mal wenn ein Nachbar zu Besuch kam, klagte John von nun an vehement, dass seine Frau ihn verhungern ließe. In Wahrheit aber wollte er nur noch das Beste essen, Fleisch, Butter und Eier. Auch verlangte er jeden Tag einen Pint Whiskey und ließ sich nur noch bedienen. Dabei sah man ihm seine Krankheit keineswegs an.

Bald hörten die Nachbarn auf, ihn zu besuchen, und erkundigten sich auch nicht mehr nach ihm. Sie sahen ihn nach Sonnenuntergang und vor dem -aufgang durch den Garten streifen und dachten, er sei wieder wohlauf.

Dies ging etwa vier Jahre so. Unterdessen starb der Nachbar, der in Verbindung mit den Feen stand. Zuletzt konnte die Frau ihrem kranken Mann nicht mehr geben, was er an Nahrung verlangte. Er schimpfte ständig und war unausstehlich. Als ein entfernter Vetter, ein Priester, zu Besuch kam, fragte Mrs. Cokeley ihn um Rat. Er aber antwortete ihr, er wüsste nicht, wie ihr zu helfen sei. In jedem Fall aber solle er seinen extravaganten Wünschen nicht mehr nachkommen.

Die Frau hielt sich an seine Empfehlung und ihr Mann magerte ab. Er sprach längst nicht mehr so viel wie früher, abgesehen davon, dass er sie auch weiterhin ständig beschimpfte. Als beinahe sieben Jahre seit dem Umbau vergangen waren, spürte sie, dass eine Veränderung bevorstand. Der Mann schlief beinahe unablässig. Eines Nachts hörte sie vor dem Haus das Geräusch von Pferden und Stimmen an der Straße und es ging ein orkanartiger Wind.

„Ich werde bald heimgehen", sagte John Cokeley am folgenden Morgen. „Aber ich bin nicht traurig, dass ich euch verlassen muss." – „Soll ich einen Pfarrer holen?", fragte seine Frau. „Was soll ich mit einem Pfarrer anfangen?", erwiderte er wortkarg.

Der Lärm kehrte drei Nächte lang wieder. Am dritten Abend bat John Cokeley um Essen. Seine Frau gab ihm reichlich und er aß wortlos. Sie ahnte, dass es sein letztes Mahl sein würde. Als sie nach einer Stunde zu ihm ins Zimmer zurückkehrte, war er tot. Doch Frau und Kinder trauerten nicht um ihn. Denn sie wussten, dass es nicht John Cokeley war, der sie verlassen hatte.

DER GEIST IM LAKEN

Vielleicht hat John Connors das wahre Wesen der Feen kennen gelernt, als er eine Nacht bei ihnen im Schloss verbrachte und Opfer eines ziemlich derben Spaßes wurde. Vielleicht aber war es auch gar kein Spaß, sondern eine Mahnung, in Zukunft mehr Gerechtigkeit walten zu lassen.

John Connors aus der Nähe von Killarney hatte sechs Töchter. Als auch das siebte Kind wieder kein Sohn war, ärgerte er sich darüber so sehr, dass er nicht einmal seine Feldarbeit unterbrach, um nach der Mutter zu sehen und einen Taufpaten zu besorgen.

Einige Jahre später wurde ihm endlich ein Sohn geboren. Überglücklich lief John Connors heim, ließ den Anwesenden Speis und Trank bringen und ritt noch in derselben Nacht zur Nachbargemeinde Beaufort, um einen hoch angesehenen Freund und dessen Frau zur Taufe einzuladen. Nach einigen Meilen traf er auf einen elegant gekleideten Gentleman in Reithosen, schmal geschnittenem Mantel und hohem Hut, der auf einem weißen Pferd saß. Der Mann grüßte ihn und fragte, wohin er reite. „Nach Beaufort, um dort Paten für meinen Sohn zu finden!", sagte Connors. Worauf ihm der andere erklärte, er habe die Abzweigung linker Hand verpasst.

John Connors ritt also zurück, fand aber keine Weggabelung. Nach einer halben Stunde begegnete er dem Fremden erneut. Diesmal sagte ihm dieser, er müsse den rechten Weg nehmen, um nach Beaufort zu kommen. Er könne gar nicht verstehen, wie man den übersehen könne. Wieder ritt Connors zurück und fand erneut keine Abzweigung. Endlich begegnete er dem Fremden ein drittes Mal und dieser beschrieb ihm erneut den Weg. Da die Nacht aber schon weit fortgeschritten war, nahm er ihn zu seinem Schloss mit, damit er bei ihm schliefe. Nach einem gemeinsamen Mahl zeigte er ihm sein Zimmer und wünschte ihm eine gute Nacht.

Als Connors schlief, nahm der Hausherr seine Kleider an sich, formte aus einigen Materialien einen Körper, der dem des Bauern genau glich, zog ihm die Kleider an, band ihn auf Connors Pferd, führte dieses aus dem Stall und richtete seinen Kopf so aus, dass es in das Dorf zurücktrabte. Am nächsten Morgen entdeckten die Nachbarn das Pferd mit dem Körper. Man hielt ihn für den Connors, hielt die Totenwache für den angesehenen Mitbürger ab und begrub ihn.

Erst drei Wochen später weckte der Schlossherr Connors aus seinem Schlaf. Er sagte ihm, er hätte drei Tage geschlafen, sein Pferd hätte sich aus dem Staub gemacht und sein Kind sei inzwischen getauft. John wollte sofort nach Hause aufbrechen, fand indes seine Kleidung nicht. Da drückte ihm der Herr ein Laken in die Hand und schickte ihn fort.

Als Connors sich nach einer Weile umsah, war das Schloss wie vom Erdboden verschwunden. Er näherte sich also seinem Dorf und versuchte wegen seiner spärlichen Bekleidung, sich unbemerkt zu seinem Haus zu schleichen. Dabei wurde er von drei Jungen beobachtet, die nach verirrten Schafen suchten. Sie liefen in die Kirche, denn gerade fand die sonntägliche Messe statt, und

riefen, sie hätten den toten Connors nur mit einem Bettlaken bekleidet gesehen.

Nun war es damals Sitte in Irland, dass man auf die Kleidung eines Verstorbenen heiliges Wasser sprühte und sie armen Leuten oder Freunden gab, die sie ihrerseits vor dem alltäglichen Gebrauch zunächst dreimal zur Messe anziehen mussten. Auf diese Weise sollte der frühere Besitzer seine Kleider auch im Jenseits zur Verfügung haben. Auf das Gerücht hin, dass der tote Connors derart erbärmlich gekleidet war, hielt man der Witwe daher vor, ihretwegen würde der Geist ihres Mannes umherirren, denn sie habe seine Kleider nicht ordnungsgemäß weitergegeben. Die Witwe eilte sofort zum Nachbarn, dem sie die Kleider überlassen hatte, und warf ihm ihrerseits vor, den Gottesdienst versäumt und sie nicht mit heiligem Wasser gesegnet zu haben. Deshalb müsse ihr Mann jetzt nackt im Paradies herumlaufen. Doch der Nachbar erwiderte ihr, natürlich habe er die Kleider geweiht und er sei mit ihnen in der Frühmesse gewesen. Es könne also nicht ihr Mann gewesen sein, den die Jungen gesehen hatten.

Beruhigt ging die Witwe heim. Doch dann meldeten zwei aufgeregte Knechte von Connors Onkel ihrem Herrn, sie hätten den Verstorbenen bei den Torfhalden gesehen. In der Tat hatte Connors diesen Weg eingeschlagen, um unbemerkt nach Hause zu gelangen. Der Sohn des Farmers aber meinte, die beiden Burschen wollten sich nur vor der Arbeit drücken, und ging selbst zur Halde. Außer sich kam er wieder zurück. Rasch machte daraufhin das Gerücht vom unerlösten Geist Connors die Runde und erreichte auch die völlig verstörte Witwe.

Als John Connors nachts an ihrer Tür klopfte und rief, dass er es sei, man solle ihm öffnen, glaubte seine Frau umso mehr an die Theorie vom Geist und öffnete ihm erst recht nicht. Dann solle man wenigstens ein paar Kleider herauswerfen, er gehe ein vor Kälte, rief Connors, doch auch diese Forderung bewirkte gerade das Gegenteil. Ihren Mann hätte die Witwe wohl hereingelassen, doch nun war sie vollends vom Geist ohne Kleider überzeugt.

Nun lief Connors zu seinem Onkel. Das Dienstmädchen entriegelte die Tür, doch als sie ihn sah, schlug sie sie ihm vor der Nase wieder zu. „John Connors Geist ist hinter mir her", rief sie, „keinen Tag bleibe ich länger hier!" Auch alle anderen Anwesenden wollten mit einem Geist nichts zu tun haben und flüchteten unter ihre Bettdecken.

Darauf ging Connors zum Arzt hinüber. Er würde ihm erklären, dass das ganze Dorf irre geworden sei und ihn niemand ins Haus lassen wolle. Doch auch hier verweigerte ihm der Diener zunächst den Eintritt. Darauf sagte ihm der Doktor, es gebe keine Geister, und öffnete, um den Beweis anzutreten, das niemand da sei, die Fensterläden. Doch auch seine Aufgeklärtheit war nicht groß genug, denn plötzlich schrie er: „Lass bloß die Tür zu! Er ist es!" Draußen begann Connors, fürchterlich über die Ignoranz seiner Nachbarn zu fluchen, woraus der Doktor schloss, dass seine Seele verdammt sein müsse. Denn wäre sie noch im Fegefeuer, so erklärte er seinem Diener mit dem Scharfsinn eines Theologen, so würde sie nicht fluchen, sondern beten.

Wütend ging John Connors jetzt weiter zum Pfarrer. Ihm immerhin müsste er wohl klar machen können,

dass er kein Geist sei. Die Haushälterin öffnete ihm und lief wie alle anderen kreischend davon. Aber wenigstens vergaß sie in der Eile, die Tür vor ihm zuzudrücken. So so gelang es dem Bauern in das Haus einzutreten.

„Im Namen Gottes", sagte der Pfarrer von der Treppe herab, „bist du lebendig oder tot?" Doch er beantwortete sich die Frage selbst: Connors müsse tot sein, denn er selbst habe ihn ja beerdigt und Messen für ihn gelesen!

„Das kann doch alles nicht wahr sein!", geriet der Bauer nun aus der Fassung. „Wenn ich tot wäre, könnte ich mich wohl kaum mit Ihnen hier unterhalten!" Der Pfarrer dachte angestrengt nach und kam zu dem Ergebnis, dass dieses Argument eine gewisse Plausibilität besaß. Er lieh Connors also etwas zum Anziehen, und dieser erzählte ihm die ganze Geschichte: Wie er nach dem Nachbarort ausgeritten war, um einen Taufpaten zu holen, wie er dann in das Schloss gekommen war, dort geschlafen habe und ohne Kleider wieder hinausbefördert wurde und wie jetzt jedermann vor ihm davonlief.

„Jetzt wird mir so einiges klar", sagte der Priester. „Daniel O'Donohue, der König von Lochlein, hat dich an der Nase herumgeführt. „Wir hielten dich für tot und haben dich vor drei Wochen beerdigt." Warum er nicht im Dorf nach einem Paten gesucht habe, hielt er ihm dann vor, so wie für seine Töchter auch! Er solle in Zukunft seinen Sohn nicht derartig bevorzugen und sich in Gottes Willen fügen! Denn es sei die Pflicht eines jeden, das anzunehmen, was Gott ihm gebe.

Dann gingen beide zu Connors Frau. Der Pfarrer hatte viel Überzeugungsarbeit zu leisten, aber nach einer Ohnmacht von Mrs. Connors und einer Haar- und Ge-

444

dass man ihre Tochter bei Listowel dabei erwischt habe, wie sie gerade Milch und Kartoffeln stahl. Zur Rede gestellt, habe sie ihr Schicksal erzählt. Sie sei bei den Elfen in Rahonain Castle als Amme tätig, doch esse sie bewusst keine Feennahrung. Denn sie hoffe noch immer darauf, wieder in den Kreis ihrer Familie zu gelangen. Ohne Hilfe könne sie aber nicht entkommen. Ihre Retter müssten sie binnen sieben Jahren abholen, und zwar zu viert; sonst werde sie zur Nahrungsaufnahme gezwungen sein.

Nun wollten sich die Brüder auf den Weg machen, um Elizabeth zu befreien. Aber ihr Mann hatte inzwischen erneut geheiratet und weigerte sich, ihnen zu helfen. Auch der Pfarrer zeigte sich wenig erbaut von der Absicht und riet den drei Männern zum Bleiben. Er fürchtete nämlich, sie könnten zu viel von der anderen Welt erfahren und würden Unruhe in seine Gemeinde bringen. So blieben sie also, wo sie waren, und die Angelegenheit wurde mit der Zeit vergessen.

Ein paar Jahre später begegnete der ehemalige Polizist Bat O'Connor Elizabeth auf dem Weg von Lismore nach Dingle. Sie sagte ihm, er solle ihren Freunden ausrichten, dass noch genügend Zeit sei, um sie zurückzufordern, und dass sie noch immer keine Feennahrung gegessen habe.

O'Connor begab sich also zu den Kivanes. Dort öffnete ihm ein Verwandter der zweiten Ehefrau. Als O'Connor von der Begegnung erzählte, gab ihm dieser Geld, damit er die Geschichte für sich behielte. So wurde wiederum nichts unternommen, um Elizabeth zu helfen.

Nach sieben Jahren traf Kivanes Vater Elizabeth, als sie gerade vom Markt kam. Sie gingen mehr als eine Meile weit zusammen, sprachen aber kein Wort miteinander.

Als sie sich trennten, versetzte Elizabeth ihrem Schwiegervater einen Schlag auf den Kopf. Einige Tage später wurde er blind. Zuvor musste er noch mit ansehen, wie Elizabeth zu ihm nach Hause kam und ihrem eigenen Kind einen Schlag gab. Es starb, ohne dass der Arzt oder der Pfarrer sagen konnten, an welcher Krankheit es litt. Dann wurde Kivanes zweite Frau krank und konnte den Haushalt nicht mehr versorgen. Sie hatte keine Schmerzen und litt nicht, aber sie war geistig umnachtet. Ihre Tochter erhielt ebenfalls einen Schlag und starb. Nur die drei Brüder wurden von Elizabeth Shea verschont.

Angesichts dieser Konsequenzen empfiehlt es sich also unbedingt, zu den Elfen zu gehen und die Entführte zurückzuholen. Sind sie allerdings wieder einmal auf Reisen, so muss man sie monatelang auf Hügeln und Friedhöfen suchen, bis man sie endlich findet. Am besten ist es daher, wenn man den Moment abpasst, in dem sie aus der Festung hinausreiten. Da Feen nun aber unter dem Schutz von Wirbelwinden und Nebel reisen, ist es schwierig, einen Reiter von dem nächsten zu unterscheiden. Der Ehemann oder Geliebte sollte deshalb dem Anführer mit einem Messer mit schwarzem Griff einen Stich versetzen – aber nur einen, nicht mehr, sonst wird die Wirkung aufgehoben. Sogleich löst sich der Nebel auf und die Frau erscheint in aller Klarheit. Dann muss der Mann sie gewaltsam vom Pferd zu sich in einen Kreis aus heiligem Wasser ziehen. Innerhalb des Rings salbt er sie mit ausgewählten Kräutern aus der Umgebung des Feenforts. Derart geschützt, kann er mit ihr zu sich nach Hause zurückkehren. Doch Obacht: Nicht auf der Schwelle ausrutschen! Sonst ist die Geliebte für immer verloren.

DER BÖSE BLICK

Einige Sterbliche gelten als Helfer der Feen, weil sie den bösen Blick besitzen. Durch ihn sind sie in der Lage, ihren Mitmenschen Geist und Sprache zu nehmen und sie so in ihre Gewalt zu bringen. Die Skala der Wirkungen reicht je nach Intensität des Blicks vom schlichten „Pech" bis zum schicksalhaften, auch durch keinen Gegenzauber zu bekämpfenden Verhängnis. Wenn die „böse" Person etwa einen Vers über ein schlafendes Kind murmelt, wird es unweigerlich sterben. Ungünstig stehen die Heilungschancen auch, wenn das Opfer gerade am Feuer sitzt und es Vollmond ist.

Die irische Landbevölkerung unternimmt zahlreiche Vorsichtsmaßnahmen gegen solche sinistren Einflüsse. Die Rede war schon vom Feuer, dem „himmlischsten" aller irdischen Elemente. Kreisförmig um das Vieh und die Wiege des Kindes gelegt, hält es Feen von Übergriffen ab. Dasselbe gilt für heiliges Wasser, das man z.B. ans Scheunentor sprenkelt. Auch Schlüsselblumen, die vor der Haustür verstreut oder der Kuh an den Schwanz gebunden werden, entfalten ihre Wirkung, ebenso wie Pflugketten und Hufeisen.

Als eine Art Impfung gegen den bösen Blick gilt ein ständig auf den Lippen geführtes „Gott segne dich". Dieses sollte man nicht nur zum Schutz eines gefährdeten Kindes, sondern auch seiner selbst aussprechen. Schnell nämlich wird man sonst für einen Träger des bösen Blicks gehalten.

Bei einem Bauern, der gerade eine Kuh melkt, sagt man entsprechend: „Gottes Segen sei mit dir und allem, was du tust." Allerdings gibt es, wie die folgende Erzählung zeigt, keine hundertprozentige Sicherheit gegen den unheilvollen Einfluss:

Eine Frau in der Grafschaft Galway hatte ein Kind, das so schön war, dass alle Nachbarn ihm ständig ein „Gott segne dich" zuflüsterten, wenn sie es sahen. Denn sie wussten, dass die Elfen bestimmt ihr Auge darauf werfen würden. Eines Tages jedoch geschah es, dass eine alte Frau, die fremd in der Gegend war, zum Haus der Familie kam und um einen Rastplatz bat. Sie setzte sich nieder und blickte auf das Kind, äußerte aber keinen Segenswunsch. Endlich stand sie auf, sah das Kind noch einmal unverwandt und ohne ein Wort zu sagen an und ging davon.

Die ganze Nacht über schrie der Kleine und stöhnte, als ob er Schmerzen hätte. Der Priester wollte aus Angst vor den Feen nichts für ihn tun. Da sah die Mutter eine fremde Frau an ihrem Haus vorbeigehen, die ihr weise zu sein schien. Sie bat sie hereinzukommen, auf dass sie vielleicht ihrem Kind helfen könne. Die Frau trat ins Haus, sprach einen Segenswunsch und spuckte dreimal auf das Kind. Dann nannte sie der Mutter die Ursache für das auffällige Verhalten des Kleinen: Die Elfen hätten ihr Kind bei sich unter ihrem Hügel und dies sei ein Wechselbalg. Aber ihrem Jungen seien so viele Segnungen zuteil geworden, dass die Elfen ihm nichts antun könnten. Denn nur eine Frau habe auf ihn den bösen Blick ausgeübt. Nach ihr müsse die Mutter suchen, heimlich ein Stück von ihrem Mantel abschneiden und es in der Nähe des Kindes verbrennen. Wenn der Rauch den Kleinen zum Niesen bringe, sei er von dem Bann befreit.

Nun hielt die Mutter den ganzen Abend nach der Alten Ausschau, und zuletzt erspähte sie sie auf der Straße. Sie bat sie zum Abendessen zu sich in die Stube. Die Frau folgte ihrer Einladung, und so konnte die älteste Tochter unbemerkt ein Stück des Mantels abschneiden. Kaum hatte sie das getan, verließ die Alte kommentarlos das Haus. Der Vater verbrannte daraufhin vor der Tür den Mantelstoff und hielt den Jungen über den Rauch, so lange, bis er dreimal heftig nieste. Dann legte die Mutter das Kind zurück ins Bett und es schlief mit einem Lächeln auf dem Gesicht ein. Als es wieder aufwachte, sah sie, dass sie ihren Jungen von den Elfen zurückbekommen hatte, und sie wusste, dass ihm nichts Böses mehr geschehen konnte.

Wie man Feenkrankheiten behandelt

Läuft einmal gerade keine weise Frau vor dem Haus auf und ab, die man um geeignete Maßnahmen befragen kann, sollte man bei Symptomen wie Abmagerung, frühzeitiger Hautalterung, Lähmungen in Arm und Bein, Sprechstörungen und Fresssucht unbedingt einen Feendoktor konsultieren. Der Kranke ist nämlich mit einiger Sicherheit das Opfer eines bösen Blicks, eines Feenschlags oder eines Feenhauchs geworden. Einige dieser Ärzte behandeln im Geheimen, andere sind bereit, sich in die Karten schauen zu lassen. Ein Kranker, der einen Feenarzt um Hilfe bat, beschreibt das Heilverfahren so:

„Es sieht so aus, als ob der Arzt einen schon erwarte. Er schaut einem tief in die Augen und dann geht es los. Er nimmt die Ruten aus verzaubertem Haselholz – sie haben eine Länge von drei Zoll – und markiert jeweils eine von ihnen mit der Aufschrift „Für den Schlag", „Für den Hauch" und „Für den bösen Blick", um herauszufinden, an welchem Übel der Patient leidet. Dann rollt er seine Hemdsärmel hoch, dreht sich zur Sonne und betet. Danach setzt er eine Schüssel mit Wasser aufs Feuer, kniet sich nieder, legt die drei Haselholzruten ins Feuer und belässt sie dort, bis sie schwarz wie Holzkohle sind. Währenddessen betet er unablässig. Schließlich nimmt er die Ruten und wendet sich im stillen Gebet wieder der Sonne zu. Dann zieht er mit den Enden der verkohlten Stöcke um sich einen Kreis auf dem Boden und wirft die Ruten in die Schüssel mit dem reinen Wasser. Wenn ei-

ne von ihnen sinkt, richtet er wieder ein Gebet an die Sonne. Dann erklärt er dem Patienten, was die Ursache seines Leidens ist, und reibt die entsprechende Rute zu Pulver. Dieses füllt er in eine Flasche mit dem Wasser aus der Schüssel. Er beugt sich darüber und spricht mit ausgebreiteten Armen einen Zauberspruch oder ein Gebet, doch sehr leise, dass man es nicht versteht. Zuletzt gibt er dem Patienten den Zaubertrank mit nach Hause. Dieser muss ihn nämlich allein und um Mitternacht trinken. Und außerdem muss er Acht geben, dass die Flasche niemals den Boden berührt. Auch darf er, während er sie trägt, kein Wort sprechen und sich niemals umsehen, bis er bei sich zu Hause ist."

Befindet man sich nun allerdings gerade in unwegsamem Gelände oder sind aus anderen Gründen weder eine Kräuterhexe noch ein Feenarzt verfügbar, so empfiehlt sich die folgende Selbstbehandlung: Man schütte Salz (welches man zu diesem Zweck stets bei sich führen sollte) in zwei Reihen aus. Dann beuge man sich darüber, umschließe sie mit seinen Armen und spreche dreimal das Vaterunser über jede Reihe. Danach nehme man die Hand des Betroffenen und sage: „Beim Vater, dem Sohn und dem Heiligen Geist, lass diese Krankheit weichen und breche den Bann des bösen Geistes." Und zu Letzterem: „Ich beschwöre, ich befehle dir, diesen Mann zu verlassen. Ich bete im Namen Gottes und im Namen des Heiligen Geistes, dir befehle ich und zwinge dich, zurückzugehen und diesen Mann zu verlassen. Amen!"

Wie wird man Feenarzt?

Um es gleich zu sagen: Einen Königsweg gibt es so wenig wie ein entsprechendes Universitätsstudium. Zumindest häufig ist aber das folgende Szenario: Ein Feenkönig nimmt eine Sterbliche zu seiner Gemahlin und behält sie sieben Jahre lang bei sich. Nacht für Nacht tanzen die beiden auf rauschenden Bällen. Hat sich dann unter ihren Füßen eine Hornhaut gebildet, will heißen: ist ihre Schönheit verblüht, schickt sie der König heim und besorgt sich eine Jüngere und Hübschere. Man mag dieses Verhalten männlicher Selbstherrlichkeit zurechnen, vielleicht ist es aber auch nur die natürliche Abneigung des Unsterblichen gegen alles, was auf Verfall hindeutet. Immerhin wird die einstige Geliebte zur Entschädigung in die Kräuterkunde und Alchemie eingeweiht, sodass sie von nun an nach eigenem Gutdünken heilen oder töten kann. Wie das Wissen angeeignet wird, ist allerdings nicht überliefert. Es scheint aber nicht durch herkömmliches Lernen, sondern weitaus müheloser und schneller (etwa wie mit einem Nürnberger Trichter?) zu geschehen.

Auch für anderweitige Dienste können Menschen in die Kräuterkunde eingeweiht werden. Voraussetzung ist allerdings, dass sie nicht auf eine derartige Belohnung spekulieren: Eine Geschichte erzählt von drei Frauen, die zu einem Dorf in der Nähe von Dingle gingen. Als sie an einen kleinen Fluss kamen, über den keine Brücke hinüberführte, begegneten sie einer hoch gestellten Dame. Sie fragte die erste Frau freundlich, ob sie sie hinübertragen würde. Sie habe genug an sich selbst zu tragen, sagte diese, woraufhin sich die Dame an die zweite

wandte. Diese gab ihr eine ähnliche Antwort und erst die dritte setzte sie über. Die Dame dankte und sagte der Frau, sie würde am nächsten Morgen alle Pflanzen und Kräuter kennen, ihre Namen und Eigenschaften und auch, wo sie wüchsen. So geschah es, und sie wurde eine berühmte Ärztin.

Viel konventioneller erwarb ein gewisser Lee sein Wissen. Das gute Volk gab ihm ein Medizinbuch mit der Anweisung, es nicht vor Ablauf von sieben Jahren zu öffnen. Aber da er ein gutmütiger Kerl war, sah er bereits vor Ablauf der Hälfte der Jahre hinein, um einen Vetter, der sehr starke Schmerzen hatte, zu heilen. Daraufhin war nur noch das Wissen von umgerechnet drei Jahren lesbar, der Rest war schwarz wie verkohltes Holz. Immerhin war dieses noch weitaus umfangreicher als das von zehn Allgemeinmedizinern zusammengenommen.

Auffällig ist, dass die große Mehrheit der Feenärzte Frauen sind. Offensichtlich sind sie empfänglicher für übernatürliche Einflüsse. Vielleicht geben sie sich auch nur bereitwilliger den Geschehnissen hin und versuchen nicht, sie rational zu verarbeiten und zu kontrollieren. Eine Frau etwa erzählt, sie habe auf dem Heimweg plötzlich gefühlt, dass etwas Unnatürliches in ihrer Nähe war. Sie habe Angst bekommen und am ganzen Körper gezittert. Als sie sich umsah, erblickte sie eine große, schwarze Gestalt, die jedoch im nächsten Augenblick wieder verschwand. Seither konnte sie alle Pflanzen und Kräuter voneinander unterscheiden und kannte ihre Heilwirkungen.

Besonders eigentümlich ist der Fall des Hirten Maurice Griffin aus Dun Lean, der die Weisheit zwar nicht „mit dem Löffel gefressen", aber doch aus einem Eimer getrunken hat. Eines Morgens, als er bei seinem Vieh auf der Weide war, bemerkte er in der Luft etwas, das wie eine Wolke aussah und sich über dem gegenüberliegenden Hügel herabsenkte. Es stellte sich als weißer Schaum heraus. Eine Kuh trottete den Hügel hinauf und leckte ihn auf.

Als Maurice seinem Herrn von dem Vorfall erzählt hatte, trug dieser dem Dienstmädchen auf, beim Melken der Kuh Acht zu geben und keinen Tropfen zu verschütten. Die Kuh gab nun aber derart viel Milch, dass der Eimer sie gar nicht aufnehmen konnte. So sagte das Mädchen, um nichts von der Milch zu vergeuden, Maurice solle den Rest trinken. Dieser leerte das Gefäß dreimal, dann ging es mit dem Eimer nach Hause.

Von da an war Maurice der Heil- und Hellseherkunst mächtig. Bald wusste das halbe Land davon und die Leute kamen zu ihm, um Rat oder Heilung zu bekommen. Der Pfarrer indes duldete keinen solchen „Aberglauben" in seiner Gemeinde. Er stellte Maurice auf die Probe. „Um welche Uhrzeit war zuletzt der Vollmond zu sehen?", fragte er ihn. Griffin antwortete: „Als der Stein, den Sie vom Papst bekommen haben und jetzt im Nacken tragen, zuletzt drei Tropfen ausschwitzte. Denn das tut er immer bei Vollmond. Das letzte Mal geschah das, als Sie nach Travug ritten und ihr Pferd mit dem rechten Fuß gerade in den Fluss trat, um zu saufen." Da diese Angaben nicht nur richtig, sondern auch äußerst exakt waren, gab der Pfarrer klein bei.

Maurice' Herr, der ihm immer wohlgesinnt war, zeigte sich derart erfreut über dessen Gabe, dass er ihm seine einzige Tochter zur Frau gab. Als dieser starb, erbte Maurice seinen gesamtenBesitz und war ein allseits angesehener Bürger.

War diese „Initiation" in das feeische Wissen recht ungewöhnlich, so verwundert die im Folgenden beschriebene Methode zum Erwerb der Heilkunst nicht minder. Sie sei dem interessierten Laien, dem andere Zugänge versperrt sind, wärmstens ans Herz (bzw. ins Bett) gelegt:

Als Maurice im Sterben lag, wollte er den älteren seiner beiden Söhne in seine Kunst einweihen. Trotz der eindringlichen Worte des Vaters zu bleiben, entschloss dieser sich aber zu einer Reise nach Cork. So wandte sich der Vater kurz vor seinem Ableben an den zweiten Sohn und sagte ihm, er könne ihm zwar die Gabe des Heilens mitgeben, aber nicht die des Vorhersagens. Für Erstere müsse er in der Nacht hinausgehen, ein Schaf töten und zubereiten, die rechte Schulter von allem Fleisch befreien und mehrmals auf den Knochen schauen. Beim dritten Mal könne er dann alle sehen, die tot seien. Diesen Knochen solle er behalten und ihn mit ins Bett nehmen. Um jemand von einem Feenschlag zu heilen, solle er wiederum auf den Knochen sehen. Dann werde ein Botschafter der Elfen kommen und ihn in die Lage dazu versetzen.

Der Sohn aber antwortete dem Vater, dass er ein ehrenhaftes Leben dem Besitz der Heilkraft vorzöge, wenn er nicht auch die Macht zum Hellsehen bekomme. Er fürchtete nämlich, wie viele Feenärzte, eines Tages könnten seine Kinder jene Krankheiten bekommen, die er jetzt heilte. Maurice Griffin erwiderte seinem Sohn, nur dem Ältesten könne er diese Fähigkeit geben, und nur, wenn er anwesend sei, aber da er, der Jüngere, die Heilkraft auch nicht wolle, gebe er sie seiner Mutter.

Der alte Griffin starb und wurde noch vor der Rückkehr des älteren Sohnes begraben. Es sprach sich herum, dass die Mutter die Heilkunst „geerbt" hatte, und so kamen die Leute fortan zu ihr. Sie ging voll und ganz in ihrer neuen Aufgabe als Ärztin auf.

Zwei Anekdoten bestätigen ihr außergewöhnliches Wirken: Einmal wurde ihr Patenkind von einem Feenschlag am Bein getroffen, und sie ärgerte sich, dass seine Eltern so lange gezögert hatten, bis sie es zu ihr brachten, denn schon am nächsten Tag wäre sie nicht mehr in der Lage gewesen, es zu heilen. „Ihr hättet aus ihm einen Schinken machen können, wenn ihr bis morgen gewartet hättet", schimpfte sie. Sie heilte das Kind, und es wurde ein strammer Junge.

Der Pfarrer hatte ein krankes Pferd, das im Sterben lag. Der Diener war traurig, denn das Pferd war ein feines Tier, und er ging trotz des Verbots des Pfarrers zu Mrs. Griffin. Sie sagte ihm, der Priester sei selbst schuld, er habe das Pferd zur Tränke geführt, obwohl es erhitzt war vom Laufen. Außerdem habe er ihm einen Klaps gegeben, ohne dazu „Gott segne dich!" zu sagen. Er solle dem Tier nur dreimal ins Ohr spucken und den Segenswunsch nachholen, das würde ihm helfen. Der Diener tat, wie ihm aufgetragen war, und das Pferd wurde wieder kerngesund.

Als der Pfarrer das sah, musste er anerkennen, dass in dieser Familie eine übernatürliche Gabe war, und er belästigte sie nun endgültig nicht mehr.

„Ich würde eine Schaufel zum Glühen bringen", meinte sie, „und sie ihm unter den Allerwertesten schieben, und dann ab mit ihm auf den Misthaufen." Der Feenmann zog zu guter Letzt die Behandlung mit einer glühenden Zange vor. Mit dieser wollte er den Balg bei seinem Zinken greifen und nach draußen befördern.

Zuletzt einigte man sich darauf, dass die Feenfrau ihm einen ihrer Kräuterliköre einflößte, der so scharf war, dass er glauben würde, er habe eine Säge verschluckt, die ihn halbiert, und obendrein Nadeln, die ihm die Innereien durchlöchern. Der Feenmann seinerseits sollte seine Zange präparieren. Am Ende würde man dann die fleischlichen Überreste in die Sickergrube werfen.

Nachdem man die Vorgehensweise geklärt hatte, ging der Doktor zur Küche hinab. Plötzlich entstand hinter der Tür Aufregung und die Angehörigen stürmten in den Raum hinein. Aber von dem Wechselbalg war keine Spur mehr zu finden. Schließlich schrie eine der Frauen auf: Der Unhold war hinter dem Fenster und lachte sie voller Hass und Verachtung aus.

Der Feendoktor stürmte mit seiner glühenden Zange herbei, doch gerade, als er mit ihr zupacken wollte, ertönte ein Geräusch, halb Lachen, halb Schreien, und das Gesicht wie auch der Rest des Körpers waren verschwunden.

Am nächsten Morgen lag wieder Rickard im Bett. Aber war das noch Rickard? Gewiss war es nicht der Balg, aber dieser Jüngling hatte fast genauso wenig mit dem Lebemann von einst gemeinsam. Er rauchte und trank nicht und machte um Jahrmarktzelte und Gasthäuser einen großen Bogen. Statt dessen trug er immerzu Heugabeln, Spaten, Sensen und Gebetbücher. Wenn es einen Beweis dafür gab, dass es sich doch um den alten Rickard handelte, so war es allein der Umstand, dass er die Nacht segnete, in der er den Feenschlag erhalten hatte.

Der wiedererlangte Sohn

Wird die Entführung eines Sterblichen nicht rechtzeitig unterbunden, so kann es sehr schwierig werden, ihn von den Feen zurückzubekommen. Doch auch in diesem Fall wende man sich vertrauensvoll an seinen Feenarzt.

Katty Clarke aus Tobinstown hatte einen hübschen Sohn, der die ganze Freude ihres Lebens war. Eines Morgens hatte sie verschlafen und daher keine Zeit mehr, ihre Gebete zu sprechen. Ihr Mann war verärgert, dass das Frühstück noch nicht fertig war, und so gerieten sie in Streit miteinander. Darüber vergaß Mrs. Clarke, heiliges Wasser über ihren Sohn zu sprenkeln und ein Kreuz auf seine Stirn zu machen. Als ihr Mann das Haus verließ, trug Katty die schmutzige Wäsche zum Fluss. Während sie sie nun wusch, saß ihr Söhnchen auf dem grasigen Abhang hinter ihr.

Plötzlich hörte sie ihn schreien. Ihr Sohn lag mit Krämpfen auf dem Boden. Sofort verabreichte sie ihm Salz und Wasser. Die Krämpfe verschwanden, aber der Kleine hatte von nun an ein schmerzverzerrtes Gesicht und wollte nicht aufhören zu weinen. Gleichzeitig aß er wie ein erwachsener Mann.

Nach einer Woche kamen die Eltern zu dem Schluss, dass sie sich für einen Wechselbalg abschufteten, und sie beschlossen, das ihnen fremde Wesen loszuwerden. Ein Nachbar nahm eine Schaufel, rieb sie sauber und legte sie auf den Boden. Dann setzte seine Frau den Balg auf das Blatt. In dieser Position hielt sie ihn fest, so sehr er auch schrie und zappelte, während ihr Mann ihn auf der Schaufel zur Scheune trug und dort auf ei-

nem Bündel Stroh niederließ, der den Dung krönte. Nun nahmen sich die Anwesenden bei der Hand und bildeten einen Kreis um das schreiende Kind, während der herbeigerufene Feenmann die folgenden Worte sprach: „Wir rufen dich, o Feenmutter, komm und nimm deinen Nachkommen mit. Er hat zu essen und trinken bekommen und Freundlichkeit von der Frau des Hauses. Hier soll er nicht länger bleiben, sondern zu der Duine Matha gehen. Gib uns das alte Kind zurück, Feenfrau, und Speise wird für dein Volk hingestellt, wenn die Kleidung auf dem Feld ausgebreitet ist, auf dem kurzen, gemähten Gras. Speise wird auf der Anrichte zurückgelassen und der Kamin wird sauber sein, wenn die Feen kommen und in Kreisen über den Boden schwirren und ihr Fest am Feuer abhalten. Stelle das sterbliche Kind wieder her, Feenmutter! Wir legen dein eigenes zurück in deine Hand!"

Nachdem die Beschwörung zum dritten Mal erfolgt war, gingen alle ins Haus zurück und schlossen die Tür. Bald spürten sie, wie die Luft um sie herum wie durch das Schwingen von Flügeln in Bewegung geriet. Als sie die Tür öffneten, sahen sie das Strohbündel, aber weder Kind noch Balg. Doch als Katty ins Schlafzimmer ging, fand sie ihren Sohn im Bett liegend. Er war aufgewacht, rieb sich die Augen und wunderte sich über das Licht und die vielen angespannten Gesichter.

Wie sehr Katty fortan auch in Eile sein mochte, sie machte sich erst ans Werk, wenn sie ihre fünf Vaterunser und Ave Maria gebetet hatte. Denn lieber einen meckernden Mann, der sein Frühstück nicht rechtzeitig bekommt, als einen kreischenden Balg, der einem die Haare vom Kopf frisst.

DER RAT DER FEENMUTTER

Ist eine Beschwörung nicht ausreichend, um einen Sterblichen zurückzuerlangen, so muss man sich persönlich zum Feenfort begeben und mit Nachdruck die Rückgabe des Entführten einfordern.

Eines Nachts sah eine Frau, die wach neben ihrem schlafenden Mann im Bett lag, wie sich plötzlich die Tür ihrer Hütte öffnete. Herein trat ein großer, grimmig dreinschauender Mann, der sich ans Feuer setzte. Ihm folgte ein altes, krummes Mütterchen, das ein missgebildetes und kränklich aussehendes Kind in den Armen trug. Nach einiger Zeit sah der Mann zur Wiege hinüber, in der der Sohn des Ehepaars lag. Dann stand er auf und ging zu dem Kind hinüber. Da fiel die Frau, die vor Angst bewegungslos im Bett lag, in Ohnmacht.

Als sie wieder zu sich kam, rief sie ihrem Mann zu, er solle eine Kerze anzünden. Doch die alte Hexe stand auf und blies die Kerze wieder aus. Daraufhin entzündete er sie ein zweites Mal und wieder wurde sie ausgeblasen. So geschah es noch ein drittes Mal, wieder löschte sie die Kerze und gab dieses Mal ein schallendes Gelächter von sich. Daraufhin wurde der Vater wütend. Er griff nach einer Zange und schleuderte sie auf die Alte. Doch diese wich aus und schlug ihm mit einem Stock auf den Arm. Darauf wurde er noch wütender und schlug ihr so lange auf den Kopf, bis sie vor Schmerz brüllte. Dann schob er sie durch die Tür hinaus.

Als der Mann nun die Kerze entzündete, mussten die Eheleute erkennen, dass in der Wiege ein abstoßend hässliches, überall behaartes Geschöpf lag, das ihnen

schelmisch zugrinste. Sie begannen ob des herben Verlustes laut zu klagen.

Da öffnete sich die Tür erneut und eine junge Frau kam herein, die ein Taschentuch um ihren Kopf gewickelt hatte. Sie fragte die beiden, weshalb sie mitten in der Nacht so schrien, worauf ihr der Mann erzählte, was gerade passiert war. Als die junge Frau nun in die Wiege sah, begann sie zu lachen.

„Wie können Sie lachen, wo wir beide so in Sorge sind?", empörte sich der Mann.

„Weil dies mein Kind ist", entgegnete ihm die Frau. „Es wurde mir heute Nacht gestohlen. Ich gehöre zu den Feen und mein Volk, das unter der Festung auf dem Hügel lebt, fand, dein Junge sei ein hübsches Kind. Deshalb tauschten sie die Babys aus. Aber um ehrlich zu sein, ich ziehe mein eigenes dem deinen doch vor, mag es auch hässlicher sein als alle sterblichen Kinder der Welt."

61

Dann gab die Fremde den Eheleuten den Rat, sie sollten, um ihr Kind zurückzubekommen, in einer Vollmondnacht zur Festung gehen und dort drei Garben Korn abfackeln. Wenn das letzte Bündel brenne, werde ein alter Mann durch den Rauch heraustreten und fragen, weshalb sie gekommen seien. Dann sollten sie ihm sagen, er solle ihr Kind herausgeben, sonst würden sie die Festung niederbrennen. Da die Feen kein Feuer vertrügen, würden sie ihnen ihr Kind schon auf die bloße Drohung hin zurückgeben. Aber danach sollten die Eltern gut auf ihren Sohn aufpassen und ihm den Nagel eines Pferdehufes an den Hals hängen, damit er sicher sei. Als die Fee geendet hatte, nahm sie den hässlichen kleinen Balg aus der Wiege, und noch ehe es das Ehepaar bemerkt hatte, waren beide verschwunden.

 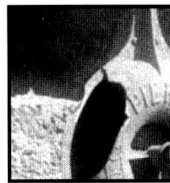  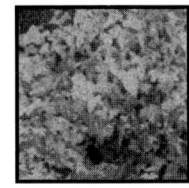

Am nächsten Abend, es war Vollmond, ging der Mann dem Rat folgend zur Feenfestung und brannte dort nacheinander die drei Garben Korn ab. Wie vorhergesagt, erschien bei der zweiten Garbe ein alter Mann. Der betrogene Vater nannte ihm sein Anliegen, und der Alte verschwand. Als niemand zurückkam, drohte er mit lauter Stimme, er werde jetzt die Festung niederbrennen.

Da entstand ein Durcheinander und Geschrei in der Festung und eine Stimme rief: „Lassen Sie es! Die Macht des Feuers ist zu stark für uns." Dann brachte der alte Mann den Jungen heraus. „Hier ist er!", sagte er. „Aber nimm folgenden Ratschlag an: Wenn du nach Hause kommst, zieh einen Feuerkreis mit einem heißen Stück Kohle um die Wiege, dann schützt ihn die Kraft des Feuers vor den Feen."

So war das Kind ein für alle Mal vor den Feen gerettet. Die Festung aber wurde nie beschädigt, denn der Vater erhob stets Einspruch, wenn irgendwer Hand an sie legen und sie als Steinbruch missbrauchen wollte.

Die drei Schläge

Gelegentlich kehrt ein Sterblicher freiwillig ins Feenreich zurück. Dies mag insofern verständlich sein, als dort, anders als hierzulande, immerhin alles Gold ist, was glänzt. Aber würde man dergleichen auch für Blech tun? Aus Liebe zu einem alten hässlichen Zwerg?

Mrs. Magrath vom Lough Erne in der Grafschaft Donegal gebar in Abwesenheit ihres Mannes – er war zum Kriegsdienst eingezogen worden – eine Tochter namens Eva. Es war ihr erstes Kind und sie war sehr unruhig, da sie wusste, dass das gute Volk mit unschöner Regelmäßigkeit Erstgeburten der Menschen raubt. Zumal wenn es sich um Mädchen handelte, weil diese schon in alter Zeit als pflegeleichter galten.

So wandte sich Mrs. Magrath an eine weise alte Frau, damit sie ihr Kind segne. Die Alte machte zunächst mit Asche ein Kreuz auf die Stirn des Mädchens. Dann gebot sie, man solle die Fingernägel des Kindes ungeschnitten lassen, bis es neun Wochen alt sei. Schließlich hielt sie ihm eine brennende Kerze über die Augen, damit es sich dem Licht und nicht der Dunkelheit zuwende. Zuletzt mischte sie Zucker, Salz und Öl und flößte ihm die Mischung ein, damit sein Leben süß und lang sein und glatt verlaufen möge.

So weit, so üblich. Aber die Alte war nicht nur weise, sondern auch vergesslich, und so unterließ sie es, dem Balg ein vierblättriges Kleeblatt mit einem Faden ihres Kittels um den Hals zu binden und dazu ein Gebet zu sprechen. Auch sagte sie der Mutter nicht, dass sie ihr Kind bis zum neunten Tag nicht aus dem Auge lassen dürfe. Denn nur die allerersten Lebenstage sind kritisch; danach können die Elfen ein Neugeborenes nicht mehr mitnehmen. Kurz, aufgrund dieser Unterlassungen blieben die Praktiken der Greisin, so raffiniert sie waren, ohne Nutzen.

Es kam, wie es kommen musste. Das Kindermädchen legte das Baby nach nebenan auf das Bett und ging für einen Moment aus dem Raum. Als es ein Schreien vernahm, eilte es zurück und sah, wie das Bettzeug samt Baby von den Elfen fortgezogen wurde. Zwar konnte das Mädchen noch die Decke ergreifen, aber nicht mehr das Baby, und so nahmen die Elfen das Kind mit sich in ihr Reich unter dem See.

Zur Ehrenrettung der Elfen sei gesagt, dass sie Eva sehr gut behandelten. Als sie erwachsen war, sagte die Königin ihr, sie möge sich nun unter den Elfen einen Mann suchen. Eva aber hatte sich ausgerechnet in einen alten Zwerg verliebt. Daraufhin ließ die Königin sie, um sie zu überlisten, ausnahmsweise am Ufer des Sees spazieren gehen, wo sie auf Darby O'Hoolighan traf und sich in ihn verliebte. Die Königin stimmte ihrem Heiratswunsch zu, gebot ihr aber, ihm mitzuteilen, sie würde ihn verlassen und ins Feenreich zurückkehren, wenn er ihr ohne Grund drei Schläge gäbe.

Ausgestattet mit einer reichen Mitgift ging Eva also die Ehe ein. Sie gebar Darby zwei Söhne. Siebzehn Jahre später war das Ehepaar seinerseits auf dem Weg zu einer Hochzeit. Weil Eva ziemlich langsam war, sagte ihr Mann, sie solle sich beeilen, und gab ihr einen Klaps auf die Schulter. Da fing sie an zu weinen und sagte ihm, dies sei der erste der drei Schläge gewesen. Ihr Mann war

sehr betrübt und versprach, es würde nicht wieder passieren.

Doch ein Jahr später bekam Eva erneut einen Schlag von Darby. Er zeigte gerade den Söhnen, wie man die Schafe mit einem Stock züchtigt, und Eva stand hinter ihm, als er ausholte. Nun verlor sie die Fassung, aber auch Darby wurde wütend. Er bestand darauf, dass keiner der beiden Schläge zählen dürfe, weil es sich um Unfälle handele, und schleuderte vor Wut den Stock gegen eine Wand. Er prallte zurück und traf Eva am Kopf. „Das war der dritte Schlag", stellte sie mit einem Mal nüchtern fest, gab ihren Söhnen einen Kuss und rief das Vieh herbei, welches sie als Mitgift bekommen hatte. Es folgte ihr wie der gesamte Hausstand zum See. Dort verschwand sie samt ihrem Besitz im Wasser, ohne noch ein weiteres Wort von sich zu geben.

Nur ihre Söhne sahen sie noch manchmal, wenn sie sich am Ufer des Sees aufhielten. Dann wechselten sie einige Worte. Einmal war sie in Begleitung eines Zwerges. Vielleicht war es ihre erste Liebe, und der wahre Grund für ihr Verschwinden war, dass sie zu ihrem Geliebten zurückkehren wollte.

Der Ritt mit den Feen

Feen sind Pferdenarren. Und nicht nur das: sie sind auch hervorragende Reiter. Viele junge Männer wollen es ihnen gleich tun und schließen sich ihnen an, wenn sie, allen voran ihr Anführer auf seinem schwarzen Hengst mit feuerroten Nüstern, über das Land preschen. Manchmal laden die Feen ihre „Lieblingsschüler" zu einem fürstlichen Abendessen in ihren Palast und schläfern sie durch Wein und Musik ein. Den wagemutigen Sterblichen erscheint danach alles wie ein Traum: Der Palast, der stattliche Reiter auf seinem edlen Ross, das Gefolge in den grünen Seidenanzügen – alles ist wie vom Erdboden verschwunden, und sie bekommen es nie wieder zu Gesicht.

Einst ritt ein Mitglied der Familie Kirwan aus Galway an jenem Feenhügel vorbei, auf dem unter der Herrschaft von König Finvarra alle Feen des Westens ihre Ratsversammlungen abhielten. Plötzlich tauchte ein Reiter auf einem feurigen schwarzen Pferd auf. Als er Mr. Kirwan um die Uhrzeit bat, kamen sie miteinander ins Gespräch. Der Mann aus Galway wunderte sich, dass der vornehme Mann die ganze Nachbarschaft zu kennen schien, wiewohl er selbst ihm unbekannt war. Zuletzt sagte ihm der Fremde auch noch, er wisse, dass er am nächsten Tag zum Pferderennen gehen wolle, er möchte ihm darum einen Tipp geben: Um zu gewinnen, brauche er nur den Knecht des Fremden auf seinem Pferd reiten lassen.

Dann verschwand der Reiter – der niemand anderer als Finvarra selbst war.

Am nächsten Morgen stellte sich Mr. Kirwan ein ganz merkwürdig aussehender Knirps als sein Jockey vor, bestieg das Pferd und galoppierte davon. Bald darauf wurde Kirwan der Siegerpokal überreicht. Sein Jockey aber, zu dem ihm jedermann gratulierte, war unauffindbar. Nur der fremde Herr auf dem schwarzen Pferd war da und lud Kirwan zum Mittagessen zu sich aufs Schloss ein. Kirwan konnte sich dem festlichen Ambiente wie auch dem Wein, den der Gastgeber in seinen juwelenbesetzten Pokal goss, nicht entziehen. Nach dem Mahl traten Männer und Frauen herein, und es wurde zum Tanz aufgespielt. Auch Kirwan wurde von einer Dame aufgefordert. Doch gerade, als er aufstehen wollte, wurde ihm bewusst, dass die Tänzer tot sein mussten, denn auch sein Bruder war darunter, der im vergangenen Jahr im See ertrunken war, sowie ein Mann, der bei einem Jagdunfall sein Leben gelassen hatte. Und außerdem waren alle Tänzer bleich im Gesicht, nur ihre Augen leuchteten wie Flammen.

In diesem Moment kam eine Frau auf Kirwan zu und wollte ihn am Handgelenk in den Kreis der Tanzenden ziehen. Er erkannte in ihr eine frühere Geliebte, die ebenfalls verstorben war. Ihre Berührung schmerzte ihn wie Feuer, und er wich zurück. Voller Angst sagte er zu seinem Gastgeber, er solle ihn von hier fortbringen, er kenne die Tänzer, sie seien tot.

Aber der Lord lachte nur und erwiderte, er müsse nur weitertrinken, das würde ihm Mut einflößen. Dann schenkte er ihm ein und Kirwan trank, bis er in einen tiefen Schlaf fiel. Als er aufwachte, befand er sich in seinem Bett und konnte sich zunächst an nichts mehr erinnern. Der Diener erzählte ihm, dass ihn ein fremder Reiter letzte Nacht gebracht und ihm aufgetragen habe, sich um das erschöpfte Pferd zu kümmern.

Da erblickte Kirwan ein Brandmal an seinem Handgelenk. In ihm stieg das Bild seiner einstigen Geliebten auf und er erinnerte sich an das nächtliche Abenteuer. Den schwarzen Reiter sah er nie wieder, auch nicht den Palast. Das Mal am Handgelenk bewies ihm jedoch, dass es kein Traum gewesen war. Und auch der Siegerpokal. Aber er warf ihn in den See, weil er glaubte, er sei ihm durch Teufelswerk zugefallen und würde ihm und seiner Familie kein Glück bringen. Wenn er so auch seinem Schicksal aus dem Wege ging, von seinem Triumph blieb ihm nichts weiter als eine Erinnerung.

Die EINZELGÄNGER UNTER DEN FEEN

Neben den Staaten bildenden Feen gibt es solche, die lieber für sich bleiben oder den ersteren allenfalls zuarbeiten. Diese Einzelgänger verachten die oberflächliche, immer gleiche Unbekümmertheit ihrer Artgenossen oder werden von einer dunklen Neigung zu den Menschen hingezogen. Für Letztere bringt der Kontakt mit ihnen oftmals einen Lebenseinschnitt mit sich – oder den Tod. Häufig werden diese Feen daher schlichtweg mit dem Teufel in Verbindung gebracht. An erster Stelle sind hier die Banshee und der Dullahan zu nennen. Auch der Phouka gehörte zu den gefährlichen Gestalten, doch er konnte glücklicherweise gezähmt werden.

Heute ähnelt er eher einer komischen Figur wie der des Leprechauns und, mit seiner Freude am Unbehagen der Menschen, dem Fir Darrig. In einem ganz besonderen Verhältnis zu den Menschen (oder genauer: den Männern) steht die Lianhan Shee: Es gelüstet sie nämlich nach ihnen, und zwar so sehr, dass sie sie zum Liebestod verführt. Doch ist der Mann dann durch den Tod hindurchgegangen, erwartet ihn ewiges Leben an der Seite seiner Liebsten. Meerjungfrauen dagegen sind milder gestimmt. Dafür lassen sie ihre sterblichen Partner aber auch am Ende regelmäßig sitzen.

Der Leprechaun

Den Kelten galt die Natur als von Geistern beseelt. Diese gottgleichen Kräfte schützten ein Gebiet und zeichneten für die landschaftstypischen Phänomene verantwortlich. Vom späteren Volksglauben wurden sie dann zu Wesen wie Zwergen und Kobolden individualisiert und vermenschlicht. Die häufig komischen Züge dieser ungehobelten Gestalten stellten den Versuch dar, die Bedrohlichkeit der ihnen unerklärlich erscheinenden Naturkräfte humoristisch zu überspielen. Wie ihre geistigen Vorgänger, so bewohnen auch die vermenschlichten Nachfahren landschaftlich auffällige, zumeist entlegene bzw. unzugängliche, häufig gefährliche oder geheimnisvolle Orte wie Bergkuppen, Höhlen, Schluchten, Inseln, Quellen, Seen und Felsen. Bequemere Artgenossen haben sich aber auch in menschlichen Behausungen einquartiert.

In Irland trägt der Zwerg je nach Landschaft verschiedene Namen: „logheryman", „luricaun", „cluricaun", „lurigidaun", „lurachmain", „luricain", „lurgadhan", „leprechaun". Erst im 20. Jahrhundert hat sich Letzterer, der aus Leinster stammt, durchgesetzt. Die Bildung „luarchaman" deutet auf eine angloirische Herkunft. Sie meint so viel wie „Mann aus dem Schilf", d.h. jemand, der an einem sumpfigen und mithin menschenleeren Ort lebt.

Die Herkunft des Leprechauns ist ungewiss. Vielleicht ist er das Produkt der Vereinigung einer aus der Art geschlagenen Fee mit einem bösen Geist, vielleicht mit einem Menschen. Unter ästhetischen Gesichtspunkten darf das (stets männliche) Ergebnis als ziemlich missglückt gelten: Der gemeine Leprechaun wird nicht größer als ein zehn- bis zwölfjähriger Knabe, ist untersetzt und hat das faltige Gesicht eines alten Mannes. Seine äußere Erscheinung spiegelt sich in seinem Charakter wieder: Er ist mürrisch, versoffen und spricht in einem ziemlich derben Ton. Dazu raucht er übel riechenden Tabak und trinkt Unmengen von Bier, woraus sich im Hinblick auf den Clauricaun sogleich ein Abstammungsproblem ergibt: Ist er ein Leprechaun oder nur ein naher Verwandter? Abgesehen von einer rosafarbenen Tönung der Nase ähnelt er ihm körperlich zwar bis ins Detail, ansonsten aber gibt er sich den Anstrich eines Gentleman und zieht es vor, sich in den Weinkellern reicher Leute an edlen Tropfen zu laben. Klassenbewusste Leprechauns zumindest wollen mit diesen feinen Pinkeln nichts zu tun haben. Niemals, sagen sie, würde ein Artgenosse süßen Wein statt herben Bieres trinken. Außenstehende jedoch meinen, Clauricauns seien nichts anderes als Leprechauns, halten sich nur beim Saufen für etwas Besseres.

Auch hinsichtlich der Kleidung der Leprechauns bestehen unterschiedliche Auffassungen. Einig ist man sich nur darin, dass irische Kobolde eine grelle Farbkombination bevorzugen: Einige Quellen nennen als Kleidungsstücke eine rote Jacke bzw. einen roten Umhang, rote, knielange, eng anliegende Hosen, graue oder schwarze Strümpfe und einen hoch gestülpten Hut aus dem 18. Jahrhundert. Andere Quellen sprechen wiederum von einer grünen Kutte, roten Jagd- oder Kniebundhosen, Wollsocken und einem breitkrempigen grünen Hut.

Auch landschaftliche Differenzen sind zu vermerken. An der Atlantikküste mit ihren rauhen Winden und ständigen Regenfällen trägt der Leprechaun praktischerweise einen Regenumhang, weshalb man ihn, abgesehen von seinem antiquierten Hut, fast für den Nachbarn halten könnte. Vom Logheryman im Norden heißt es, er trage die Uniform eines alten britischen Infanterieregiments, nämlich einen roten Mantel mit weißen Verschlüssen. Ferner habe er einen hoch aufschießenden, breitkrempigen Hut, wobei er am liebsten feixend und lachend auf dessen Spitze herumbalanciere. Der Luricaun wiederum gilt als dermaßen korpulent, dass er sein Jackett nicht zu schließen vermag. Statt eines spitzen Hutes besitzt er einen viel zu großen Helm, den er allerdings selten trägt, weil er sich mit ihm in einem Land voller Zivilisten nur verdächtig machen würde. Stattdessen bindet er sich zur Tarnung ein weißes Taschentuch um den Kopf. Der Cluricaun aus Moaghan schließlich ist ein Dandy, der in einem prächtigen roten Mantel mit Schwalbenschwanz sowie grüner Weste, schwarzen Socken und hochglanzpolierten Schuhen herumspaziert. Sein Hut ist kegelförmig, hat keine Krempe und sitzt ihm leger auf seiner Lockenpracht. Wenn man den Cluricaun schief anguckt, kann es passieren, dass er einem beim Bücken die Spitze des Hutes in die Augen stößt; zumeist aber belässt er es bei Verwünschungen.

In der Rangordnung der mythischen Wesen nimmt der Leprechaun einen Mittelplatz ein. Zwischen Gut und Böse situiert, ist er des Anstands ebenso wie der Gemeinheit fähig. Eine gewisse spielerische Ader und Leichtfertigkeit hindern ihn jedoch daran, sich zu echtem Seelenadel aufzuschwingen, bewahren ihn aber auch vor teuflischer Verderbtheit: Leprechauns handeln aus Launen heraus, nicht aus Vorsatz, und darum ist der Schabernack ihr eigentliches Metier.

Der Leprechaun meidet nicht nur den Kontakt mit den Sterblichen, sondern auch den mit anderen Feen. So verwundert es nicht, dass er – ganz im Unterschied zu den Elfen – ein Heiratsmuffel ist. Er widersteht selbst den Verlockungen der attraktivsten Frauen. Einige Forscher behaupten darum, er sei ein überzeugter Junggeselle, der die Falschheit und Hinterlist der Feenfrauen am eigenen Leib erfahren und sich dann aus Ekel über den Mangel an Aufrichtigkeit aus der Gemeinschaft zurückgezogen habe. Andere wiederum sind der Meinung, er sei wegen seiner unkonventionellen Ansichten über Ehe und Familie ausgestoßen worden und halte seine Ehelosigkeit nun auch als Einsiedler durch. Was allerdings gegen diese Theorie einer Verstoßung spricht, sind Eloquenz und Charme des Leprechauns, die ihn bei Feendamen eigentlich beliebt machen sollten. Denn Elfen lassen sich nur zu gern um den kleinen Finger wickeln.

Zu den Lieblingsbeschäftigungen des Leprechauns gehört das Reiten auf Schafen, Ziegen und sogar Hunden. Wenn ein Schaf oder Hund am Morgen erschöpft oder schmutzig aussieht, weiß der Bauer, dass der örtliche Leprechaun des Nachts eine kleine Landpartie unternommen hat und zu faul war, zu Fuß zu gehen. Das Terrain für seinen Unfug findet der Kobold jedoch überwiegend im Haus. Er lässt Töpfe überkochen oder verhindert, dass überhaupt etwas kocht, indem er das

Feuer auspustet. Er stiehlt Schinken oder Kartoffeln, trinkt die Milch oder schlimmer, den Whiskey aus (wobei er die Flasche, manchmal auch das ganze Fass, hinterhältigerweise wieder mit Wasser füllt) und wirft die Möbel oder auch das Baby der Familie auf den Boden. Und wenn er sehr ärgerlich ist, zündet er auch schon einmal das Stroh in der Scheune an und lacht sich während der Löscharbeiten eins ins Fäustchen.

Gleichzeitig ist der Leprechaun aber sehr anhänglich, besonders gegenüber alteingesessenen Familien. Er verschwindet nur, wenn man ihn vernachlässigt oder ihm frech kommt. Denn obwohl er nicht gerade ein Ausbund an Freundlichkeit ist, ist er durchaus liebesbedürftig. Zu den markantesten Eigenschaften des Leprechauns gehört ferner seine Abneigung oder vielmehr sein inniger Hass gegenüber Schulen und Lehrern, der vermutlich mit dem Unglauben zusammenhängt, der ihm von Seiten des Erziehungspersonals entgegenschlägt. Mit der zunehmenden Zahl der Schulen, heißt es, habe das Vorkommen der Kobolde in Irland bereits im 19. Jahrhundert stark abgenommen. Die wenigen verbliebenen Leprechauns führten eine traurige Randexistenz, weil ihnen kaum einer mehr Beachtung schenkt und vor ihren Streichen erschreckt.

Früher war das anders. Eine gewisse Molly Toole berichtet, ihr seien in der Jugend einmal drei Kobolde gleichzeitig begegnet!

DIE SCHÄTZE DER LEPRECHAUNS

Leider hat Molly Toole die Chance ihres Lebens verpasst. Denn anstatt wenigstens einen von ihnen festzuhalten, betete die allzu Ängstliche zu Gott im Himmel, er möge sie von diesen Unholden befreien. Dies taten sie dann selbst: Sie nutzten Mollys Unaufmerksamkeit und nahmen Reißaus, sodass sie die Situation nicht zu ihrem finanziellen Vorteil nutzen konnte. Dazu muss man wissen, dass Leprechauns nicht nur begabte Schuhmacher sind. Tatsächlich ist es zwar dieses Talent, das sie bei den Elfen, deren Fußbekleidung durch die ständigen Bälle arg in Mitleidenschaft gezogen ist, begehrt macht, aber für Sterbliche ist der Zweitberuf der Zwerge interessanter: Als genaue Kenner des Landes sind die Kobolde zugleich Verwalter des Goldschatzes, den die Grüne Insel vor ihren menschlichen Bewohnern (und Touristen) verborgen hält. Dabei kommt es ihnen zugute, dass sie, im Unterschied zu den Elfen, so etwas wie ein Gedächtnis für das Vergangene besitzen. Sie erinnern sich der anlandenden Dänen und der Orte, an denen diese ihre Schätze vergraben haben. Ebenso wie ihrer eigenen Verstecke. Es macht ihnen allerdings zu schaffen, dass jede x-beliebige Fee Verfügungsgewalt über das Vermögen hat. Denn sie halten die Feen, weil ständig umherziehend, für wankelmütig, charakterschwach und vor allem für viel zu spendabel. Würden sie selbst nicht eine solch rigide Sparpolitik fahren, so sind die Leprechauns überzeugt, wäre das Feenreich schon längst bankrott.

Aber auch die Menschen stehen bei ihnen nicht hoch im Kurs. Sie glauben, sie seien mindestens so dumm und verschwenderisch wie die Feen. Diese Abneigung beruht allerdings auf Gegenseitigkeit. Von Seiten der Menschen wird immer wieder der extreme Geiz der Leprechauns angeprangert und nicht selten versucht, sie gewaltsam zur Großzügigkeit zu bekehren. Dabei spielt ihnen zunächst die Natur in die Hände. Denn wenn ein Leprechaun einen Schatz vergräbt, dann geht in der Gegend über dem Hort ein Regenbogen auf, der wie ein Wink mit dem Zaunpfahl Sterbliche aus allen Himmelsrichtungen anlockt. Der Leprechaun kann noch so eilig graben, das Farbenspiel des Himmels ist schneller und versetzt ihn in eine geradezu panische Angst. Dann muss er alle Täuschungsmanöver aufbieten, um den Zugriff eines Sterblichen zu verhindern. (Un-)Glücklicherweise gelingt es ihm zumeist, die Gier der Menschen in die Schranken zu weisen.

Kurz, Leprechauns um einen Goldschatz zu bringen, ist kein leichtes Geschäft. Schon sie zu fangen ist schwierig. Nicht nur, weil sie immer seltener werden, sondern weil sie trotz ihres Alters und ihrer kurzen Beine sehr flinke Gesellen und zumal ständig unterwegs sind. Doch gerade hier liegt auch ihr wunder Punkt. Denn von Zeit zu Zeit müssen die Leprechauns ihre Schuhe neu besohlen. Dann setzen sie sich ins Gras, hinter eine Mauer oder unter eine Hecke, verraten sich dabei aber durch das klackende Geräusch ihrer Hämmer. In diesem Moment muss man zugreifen; denn wenn sie ihr Schuhwerk in den Händen halten, können sie natürlich nicht so schnell davonlaufen. Fordert man dann ihr Gold, so werden sie zunächst sagen, sie besäßen keines. Und auch ihren Zauberstab werden sie nicht freiwillig hergeben wollen. Man muss sie daher so lange durch die Mangel ziehen, bis sie erschöpft nachgeben und das Lö-

segeld aushändigen. Leider ist dies leichter gesagt als getan, wie die Geschichte von Bridget Faheys aus der Grafschaft Kildare zeigt.

Bridget wohnte mit ihrer blinden Mutter und ihren jüngeren Geschwistern in der Nachbarschaft des Carberry Castle in der Nähe von Edenderry. Die Familie lebte unter armseligsten Bedingungen. Als Bridget eines Abends Wasser von einer Quelle holte, hörte sie aus einem Dornenbusch ein sich wiederholendes Pochen – eben jenes Geräusch, das Leprechauns mit ihren Hämmern hervorbringen. Sie stieg die Böschung hinauf und sah einen sehr kleinen alten Mann mit Pfeife, der in einem geschützten Winkel wie besessen am Absatz eines winzigen Schuhs arbeitete. Sogleich sah die junge Frau die Möglichkeit, ihrer täglichen Mühsal ein Ende zu machen. Sie packte den Kleinen, der vor lauter Eifer ihr Kommen nicht bemerkt hatte. „Wo ist dein Schatz?", schrie sie ihn an und hielt ihn dabei am Kragen in die Luft. Der Leprechaun protestierte heftig gegen die unwürdige Behandlung. Doch als er merkte, dass er mit Protesten auf keinerlei Resonanz bei ihr stieß, versuchte er es auf die galante Art: „Liebes Fräulein, sehen Sie nur, wie romantisch der Mond scheint. Ist er nicht wie gemacht für zwei empfindsame Seelen wie die unseren, dass sie zueinander finden mögen?" Doch Bridget wusste nur zu gut, dass sich der scheinbar so sensible Kobold, sobald sie ihn losließ, verhärten und aus dem Staube machen würde. Deshalb schüttelte sie ihn nur kräftig und forderte erneut den Schatz.

Der Leprechaun erwiderte ihr, dass er nichts von einem Hort wisse, er sei ja nur ein kleiner Handwerks-

meister, wie solle er da an Gold kommen. Aber gerne
würde er Bridget das überlassen, was er in seinen Taschen
habe. Da Leprechauns scheue Gesellen sind, drohte
Bridget ihm nun, sie werde ihn durch ganz Edenderry
tragen und jeder könne ihn anstarren. Der Kobold versuchte daraufhin erneut, sie abzulenken. Er beklagte die
üblen Zeitläufe, die, seitdem Cromwell die Insel besetz-
en ließ, niemals so schlimm gewesen seien! Sogar Chris-
tenmädchen würden heutzutage keine Skrupel haben,
arme Gesellen wie ihn um ihren redlichen Verdienst zu
prellen.

Doch Bridget verlieh ihrer Forderung Nachdruck,
indem sie immer fester zugriff. Schließlich lenkte der
Zwerg ein. Er müsse zum Schloss gehen, um das Gold zu
holen, sie möge ihn deshalb loslassen. Natürlich war dies
ein Trick und Bridget machte sich selbst auf den Weg, den
Leprechaun in den Armen haltend und stets beobach-
tend. Bald erreichten sie die Kuppe eines Hügels, von der
aus man weit übers Land sehen konnte. Da schrie der Leprechaun plötzlich auf: „Wir werden weder heute noch
sonst irgendwann Gold in Carberry Castle finden. Das
Schloss steht in Flammen! Das Schloss brennt! Ach, herr-
je!" Entsetzt sah Bridget zu den alten Mauern hinüber –
die dort standen wie immer! Im selben Moment spürte sie
jedoch, wie das Gewicht aus ihren Armen entwich, und
als sie herabsah, war der Leprechaun verschwunden. Sie
hätte ihn nicht aus dem Auge lassen dürfen!

Und so war das Einzige, was Bridget Fahey von dem
Leprechaun bekam, ein rotes Mal auf dem Handrücken.
Es hatte die Größe eines Schillings und war ihr ein Leben lang Mahnung, sich nie wieder mit einem Leprechaun einzulassen.

Die Verwechslung

Darby Kelleher war nicht gerade das, was man aufgeweckt nennt, und Gleiches darf von Oonah Lenehan, seiner langjährigen Bekannten, behauptet werden. Umso mehr waren die beiden dafür dem Übersinnlichen und Wunderbaren zugeneigt. Darum ließen sie auch keinen Tag verstreichen, ohne sich von der Dorfältesten – gegen eine angemessene Gebühr, die in Tabak zu entrichten war – ihre Träume deuten zu lassen. Dies tat die Alte denn auch wunschgemäß, nämlich nach der Devise: Günstige Vorhersagen erhalten die Kundschaft. Gerade erst hatte Darby ihr zum Beispiel von einer seiner nächtlichen Visionen erzählt, in der er sich unter anderem eine Straße entlanggehen und an eine Weggabelung kommen sah. Die Alte interpretierte ihm dieses recht vage Traumbild zielsicher dahingehend, dass die vier Wegrichtungen für die vier Mauern des nahen Schlosses stünden (das zwar tatsächlich nur drei besaß, wie sie nach dem Einwand Oonahs eingestehen musste, aber doch eigentlich deren vier besitzen *sollte*). Woraus sie kurzerhand schlussfolgerte, Darby müsse nur die Richtung zum Schloss einschlagen und er würde dort eine Kiste mit Gold finden. Denn sie wusste, dass sein Augenmerk einzig und allein der Frage galt, wie er dem mühevollen Arbeitsleben auf möglichst mühelose Weise entrinnen konnte.

Aus genau diesem Grunde schenkte Darby im Übrigen nicht allein der „Wahrheit des Traumes" seinen Glauben. Auch in die Existenz von Leprechauns beziehungsweise ihrer Schätze setzte er starke Hoffnungen. Doch sooft er auch auf der Lauer nach ihnen lag, nie gelang es ihm, einen der Zwerge zu fangen, weshalb er, der immer nur suchte, in der Gegend als „der Feenfinder" verspottet wurde. Gelegentlich machte man sich auch den Spaß, einen Stock, an dem ein rotes Tuch baumelte, in den Boden zu schlagen, um Darby das rote Kleid eines Leprechauns vorzutäuschen.

Auf die Verheißungen der alten Seherin hin begann nun Darby Kelleher gemeinsam mit Oonah Lenehan in der Nähe des alten Schlosses mit den Ausgrabungen. Nach zwei Monaten hatte er allerdings immer noch keine Spur des Goldes entdeckt. Das Einzige, so spotteten die Nachbarn, was er gefunden hatte, war – eine Fee. Er heiratete nämlich Oonah, in die er sich bei der Arbeit verliebt hatte. Vielleicht, so munkelte man, wollte er aber auch nur dafür Sorge tragen, dass der erwartete Schatz in Gänze in Familienbesitz blieb.

Eines Morgens jedoch kam es in Gestalt des kleinen Doktors Dionysius MacFinn, der wegen seiner Heiterkeit erregenden Erscheinung MacFun genannt wurde, zu einer überraschenden Wende.

Doktor Dionysius MacFinn oder Denny Finn, wie er „bürgerlich" hieß, war der Sohn eines Tierarztes, fühlte sich aber zu Höherem berufen und nahm deshalb, nach einem Zwischenspiel als Apotheker, in Spanien ein kostspieliges Studium der Humanmedizin auf. Als er zurückkam, besaß er zwar einen Titel, aber kein Geld mehr, und die Praxis, die er in seiner alten Heimat eröffnete, machte wenig Anstalten, ihn mit neuem zu versehen. Dennoch versuchte Dionysius MacFinn, eine standesgemäße Erscheinung abzugeben, was ihm allerdings nicht immer gelang. So hielt er sich etwa ein „Ross", von dem neutrale Beobachter meinten, es ähnele eher einem

Pony, auf welches er standesgemäß auch dann noch stieg, wenn er nur bis ans Ende des Dorfes zur Visite musste.

Trotz solcher Merkwürdigkeiten lud man den Doktor häufig zum Essen ein, halb aus Freundlichkeit, halb zur Unterhaltung, denn seine Blasiertheit und seine grotesken Auftritte sorgten stets für Kurzweil. MacFinn versuchte seinerseits, es so einzurichten, dass er die Nacht bei seinen Gastgebern verbringen konnte. Das brachte ihm nämlich auch noch ein Frühstück ein, und damit war der nächste Tag schon zu einem Drittel überstanden.

Nachdem MacFinn bereits alle Bauern der Gegend amüsiert hatte, machte ihm zuletzt auch der Gutsherr die Ehre einer Einladung. Dem großen Anlass entsprechend kleidete sich der kleine Mann in das knallrote Gewand eines spanischen Arztes, der er laut amtlichem Zertifikat ja auch war, und ritt auf seinem Vierbeiner zum Gutshof. Hier wollte man das Tier, nachdem man es abgesattelt und gestriegelt hatte, zunächst in den Stall führen. MacFinn aber sagte, man solle es nur frei auf der saftigen Wiese laufen lassen, das bekäme ihm besser. Und so geschah es.

Natürlich erntete der Doktor für seine schrille Kleidung allgemeines Gelächter, aber er wusste sich zu revanchieren, indem er bei dem überaus guten Abendessen reichlich zulangte. Auch ließ er keine Gelegenheit aus, sich Wein nachzuschenken, sodass er, als sich die Gesellschaft spät abends auflöste, ziemlich betrunken war. Nun versuchte man, seinen Gaul einzufangen, aber es wollte trotz der intensiven Bemühungen mehrerer Stallburschen nicht gelingen. War sein Klepper endlich einmal in eine Ecke gedrängt, schlug er wie wild mit den Beinen aus und ließ niemanden an sich heran. Und natürlich ließ er sich auch mit sprödem Hafer nicht von dem fetten Grün weglocken. Für gewöhnlich war dies der Augenblick, da Dionysius MacFinn darum bat, in Ermangelung eines geeigneten Fortbewegungsmittels über Nacht bleiben zu dürfen. Nur durchschaute diesmal leider ein alter Kutscher seinen Trick, holte seine alte Donnerbüchse hervor und zielte mit den Worten auf den Gaul, er werde ihm schon auf die Sprünge helfen. Besorgt um das wenige, was er besaß, ging der Arzt dazwischen, sagte, eine solche harsche Maßnahme sei nicht notwendig, und stieß einen Pfiff aus, woraufhin seine Mähre gefolgsam wie ein Hund herantrottete. Bald war sie gezäumt und gesattelt und der Doktor ritt widerwillig heimwärts. Doch kamen die beiden nicht weit, denn MacFinn, betrunken wie er war, gelang es nicht, das Pferd in die richtige Richtung zu bugsieren. So landete er schließlich in einem Graben unweit des Gutshofs und verbrachte die Nacht unter freiem Himmel.

In genau diesem Zustand erblickte ihn am nächsten Morgen Darby Kelleher, als er den Weg zu seiner Grabungsstätte am alten Schloss entlangschritt. Weil nun aber der Doktor ganz in Rot gekleidet war, einen spitzen Hut trug, der zumal von Goldfäden durchwirkt war, Schuhe mit protzigen Schnallen anhatte, vom Wuchs her ein rechter Knirps und Darby zu allem Unglück auch noch ein Experte für Leprechauns war, hielt ihn Letzterer für einen ebensolchen, sprang auf ihn drauf, drückte ihn fest auf den Boden und rief triumphierend: „Hab ich dich endlich!"

Der Doktor, der seinen Rausch noch immer nicht ausgeschlafen hatte, wusste erst nicht, wie ihm geschah,

und schaute ihn verwirrt an. „Goold, Goold, Goold!“, rief Darby und schüttelte ihn, um seiner Forderung Nachdruck zu verleihen. MacFinn meinte im ersten Moment, Paddy Goold sei wieder krank geworden und er solle ihm eine Visite abstatten. „Ich gehe ja schon!“, sagte er. Doch Darby wusste aus vielen Erzählung von den gemeinen Tricks der Kobolde. Deshalb hielt er ihn nur umso fester und rief: „Das könnte dir so passen, du kleiner Landstreicher!“

Wie er dazu käme, mit einem Gentleman so umzuspringen, beschwerte sich jetzt MacFinn. Woraufhin Darby wieder nur mehrmals laut „Goold“ rief. Jetzt begriff der Arzt oder glaubte zu begreifen. Er hielt ihn nämlich für einen Dieb und bot ihm einen Halfpenny an, das Einzige, was er bei sich habe, wie er sagte.

„Glaubst du, ich lass mich mit einem Halfpenny abspeisen? Entweder du gibst mir auf der Stelle einen Hut voll Gold oder du bist ein toter Mann!“

„Aber wir leben in einem Rechtsstaat! Das kann man mit mir nicht machen!“, protestierte der Doktor.

„Das gilt für unsereins, aber nicht für dich!“, erwiderte Darby.

„Für wen hältst du mich?“, fuhr der Doktor aus der Haut. Und dann kam es endlich heraus: „Für einen gemeinen Leprechaun!“ Der Doktor erwiderte halb empört, halb verwirrt: „Aber nicht doch, ich bin Doktor Dionysius MacFinn! Und Sie sind – ich erkenne Sie wieder! Sie sind Kelleher!“

Darby musterte sein Gegenüber. „Du hast wirklich denselben verkniffenen Blick wie er“, sprach er, „aber woher weiß ich, dass du mich nicht täuschst? Und außerdem: Der Doktor trägt zerrissene Lumpen und

nicht so was Knallrotes wie du!“ Und da MacFinn auch weiterhin kein Gold herausrücken wollte, beziehungsweise konnte, klemmte sich ihn Darby zwischen die Arme und trug ihn nach Hause. Zwar beteuerte der Arzt auch hier, dass er kein Gold besitze, aber Darby war ein nur zu guter Kenner der Kobolde, um nicht zu wissen, dass sie die dreistesten Lügner auf Erden sind. Und auch der Umstand, dass MacFinn ihn bei seinem Namen ansprach, bestärkte Darby nur in der Auffassung, dass es sich um einen Kobold handeln müsse. Denn woher sollte er ihn sonst kennen? Also machte der Doktor ihm das Angebot, er würde ihn umsonst behandeln, wenn er einmal seine Hilfe benötige. Er brauche nur eine Art von Behandlung, entgegnete ihm Darby streng: eine gegen seine Armut – und zwar jetzt gleich! Und Oonah mutmaßte, der Zwerg mache den Vorschlag kostenloser Hausbesuche nur, um ihr ein Baby zu stehlen! So sperrten die beiden MacFinn schließlich in eine Truhe. Getreu der alten Weisheit, dass man einen Leprechaun nur lange genug malträtieren muss, um an das Lösegeld zu kommen, wobei Darby dessen Höhe jetzt, wie es nahe lag, auf eine Truhe Gold rundete. Und um dem Doktor seine prekäre Lage vor Augen respektive Ohren zu führen, begann er, direkt vor dem eingeschlossenen MacFinn ein Beil zu schärfen, damit er sich einen Eindrücke dessen verschaffen konnte, was ihn erwartete. In der Tat rief MacFinn zuletzt, er habe es sich anders überlegt, Darby könne das Gold haben, er sei zu klug für ihn!

„Ich will aber die ganze Truhe voll haben!“, mahnte ihn dieser, worauf der Doktor sagte, er werde ihm zehn davon geben, er müsse nur erst das „Mystificandherumbrandherum“ zubereiten.

Darby verstand nicht. „Eine magische Salbe", erklärte der Doktor, „man muss sie nur auf den Spaten schmieren, und schon findet man, wo man auch gräbt, einen Schatz." Dann erklärte er die Herstellung des Zaubermittels. Er brauche drei Dinge, die er dreimal mit den Stofffetzen eines Petticoats umwickeln müsse, der ein Jahr lang kein Wasser gesehen habe. Sofort riss sich Oonah den Stoff aus ihrem Unterrock.

„Und welche drei Dinge soll ich nun holen?", fragte Darby.

„Bring mir zuerst Salz aus einem Haus, das an einer Kreuzung steht!"

Sofort war Darby hellhörig: Kreuzung – das erinnerte ihn an seinen Traum, und sogleich war er mehr denn je von seiner großen Chance überzeugt. Dann nannte der Doktor Darby den Namen eines vermeintlichen Präparats, das er besorgen müsse. Aber dieser konnte sich ihn nicht merken. Also sagte ihm MacFinn, er solle es aufschreiben. Erwartungsgemäß konnte Darby auch das nicht, und so erklärte sich der Doktor freundlicherweise bereit, es für ihn zu übernehmen. Er ließ sich Zettel und Stift geben und nutzte die Gelegenheit, ein schriftliches Hilfegesuch zu formulieren. Damit schickte er Darby zum Apotheker in die Stadt. Der las die Botschaft und kam mit ein paar Männern, um den kleinen Doktor zu befreien, was nicht ohne Gelächter und den heftigen Widerstand Darbys und Oonahs vonstatten ging. MacFinn wollte zunächst eine Klage gegen die beiden anstrengen, doch seine Freunde sagten ihm, dies würde ihn in aller Öffentlichkeit blamieren, und so ließ er es sein. Darby und Oonah aber konnte nichts davon überzeugen, dass es kein Leprechaun war, den sie gefangen hatten. Nur eines verwunderte sie: Wie es der Kobold geschafft hatte, sich in den Doktor zu verwandeln. Wahrscheinlich, meinte Darby, hätte er ihm einfach nicht so viel Zeit lassen und ihm gleich die Kehle durchschneiden sollen.

Die Zauberbörse

Auch Dennis O'Bryan hatte es auf die Schätze von Leprechauns abgesehen. Er war ein arbeitsscheuer Geselle und suchte auf diese Weise sein Schicksal zu bessern. Und obwohl es heißt, dass man eher auf einen Kobold trifft, wenn man ihn nicht sucht, hatte Dennis eines Tages Erfolg: Er erblickte auf dem Feld etwas Rotes, schlich sich wie eine Katze heran, fasste die Maus beim Kragen und drückte sie fest zu Boden.

„Hab ich dich endlich, du Rumtreiber! Her mir dem Gold!", rief er und schüttelte dem Kobold die Eingeweide durcheinander.

Selbstverständlich wollte dieser seinen Schatz behalten und suchte nach einer Ausflucht. Er sei ja überhaupt kein richtiger Leprechaun, sagte er, sondern allenfalls ein junger, und könne daher noch gar kein Gold besitzen! Doch Dennis schüttelte unbeirrt weiter. Jetzt gestand der Zwerg, er habe tatsächlich einen Schatz, doch befinde sich der in der Schlucht von Clare. Der Weg dorthin war Dennis aber zu weit, und überhaupt mutmaßte er, dass der Leprechaun genau damit gerechnet hatte. Und wenn er tatsächlich mit ihm ginge, würde der Zwerg auf der langen Strecke sicherlich eine Gelegenheit finden, sich aus dem Staub zu machen. Da Leprechauns nun, wenn sie wirklich einmal nicht lügen, wenigstens nicht die ganze Wahrheit sagen, nahm Dennis ferner an, dass der Kobold in der Nähe wohl noch einen zweiten Hort habe. Also würgte er ihn fleißig, bis dieser ihm schließlich seine Zauberbörse anbot, die sich, wann immer man ihr einen Schilling entnahm, von selbst mit einem neuen füllte.

Dennis dachte sich: „Lieber den Spatz in der Hand als die Taube auf dem Dach", und willigte in das Geschäft ein. Da er aber genauestens über die Listigkeit der Leprechauns informiert war, stellte er zuvor sicher, dass die Geldbörse auch die notwendigen Echtheitsmerkmale aufwies, nämlich aus roter Seide bestand und mit besagtem Shilling ausgestattet war. Im selben Augenblick aber, da er die Augen von dem Kobold nahm, war dieser auch schon verschwunden.

Dennis war dennoch zufrieden, hatte er doch immerhin die Geldbörse ergattert. Also ging er zu Miss Clooney in die Dorfwirtschaft, um sich einmal richtig den Wanst voll zu schlagen und die Kehle zu ölen. „Und wo ist dein Geld?", fragte ihn die Wirtin argwöhnisch, weil er für gewöhnlich keines hatte. „Sorg dich nicht um mein Geld!", sagte er und lud, wie zur Entkräftung ihres Zweifels, alle Anwesenden zu einem Umtrunk ein. Als er ihnen nach einigen Runden auch noch ein Essen spendieren wollte, gewann bei Miss Clooney wieder der Zweifel die Oberhand. „Bezahl erst die Getränke, Dennis", sagte sie ihm. Nun zog er seine Zauberbörse hervor und erklärte ihr, woher sie stamme und was es mit ihr auf sich habe: „Es ist so, als ob man Whiskey aus einem Krug gießt. Wenn man einen Schilling herausnimmt, kommt der nächste gleich nach!" Dann wollte er die Probe aufs Exempel liefern und entnahm die Münze. Nur, er fand keine zweite, so sehr er auch suchte. Der Zwerg hatte ihm offensichtlich doch eine Fälschung in die Hand gedrückt und er hatte es nicht gemerkt.

„Zum Teufel mit deinen Leprechauns und ihren magischen Schillingen!", rief die Wirtin, „Ich will echte!" Sie glaubte natürlich – wie all die anderen Gäste

auch – Dennis sei ein Lügner und wolle die Zeche prellen. Der ließ sich diesen Vorwurf jedoch nicht gefallen, und so begann eine üble Schlägerei, bei der er, hoffnungslos in der Minderheit, kräftig einstecken musste. Schließlich machte ein Wachtmeister dem Handgemenge ein Ende. Die Anwesenden erklärten ihm, Dennis habe die Geldbörse gestohlen, und so nahm er ihn mit zur Wache.

„Worin besteht meine Schuld? Ich habe die Börse von einem Leprechaun bekommen!", empörte sich Dennis. Doch weil er den Zwerg nicht herbeibringen konnte, damit er seine Aussage bezeuge, warf ihn der Ordnungshüter ins Gefängnis. Schließlich wurde Dennis zu dreißig Tagen Zwangsarbeit verurteilt, einer Arbeit, die härter war als jede andere, die er bislang zu erledigen hatte.

Nach seiner Freilassung hat sich Dennis nie mehr auf die Suche nach Leprechauns begeben. Er fand, dass sie einfach zu klug für ihn waren. Und das war wohl auch das Klügste, was ihm je durch den Kopf ging.

Um dieses Kapitel für Schatzsucher etwas ermutigender ausklingen zu lassen, sei abschließend darauf hingewiesen, dass ein Leprechaun in einer Extremsituation durchaus auch großherzig sein kann. Unter mehr als reichlichem Alkoholgenuss passiert es ihm nämlich schon mal, dass er einem Sterblichen einen Schluck aus seiner Flasche oder sogar die eine oder andere Münze aus seinem Schatz anbietet. Ein verarmter Edelmann, der einem Weggenossen einen kurzen Ritt auf seinem Pferd gestattet hatte, fand sein heruntergekommenes Schloss am nächsten Tag sogar randvoll mit Gold vor. Ein anderer Kobold wiederum war so freizügig, goldene Zügel zu verschenken, die jedes Mal, wenn man an ihnen zog, das dazugehörige Ross hervorbrachten. Und einmal soll ein sentimental angehauchter Leprechaun seinen gesamten Schatz einem Mann überlassen haben, der behauptete, es fließe Koboldblut in seinen Adern. – Machen Sie also doch einmal einen Blutgruppentest! Und wenn Sie vierrädrige den vierfüßigen Fortbewegungsmitteln vorziehen: Fragen Sie bei ihrer nächsten Begegnung mit einem Leprechaun einfach nach einem goldenen Lenkrad!

Die Banshee

Teils Fee, teils Geist, teils Mensch gehört die Banshee zu den Mischwesen des irischen Sagenkreises. Sie gilt als Botin des Todes, den sie durch Jammern und Wehklagen ankündigt. Gelegentlich aber stößt sie auch selbst eine schicksalhafte Entwicklung an. In Kerry etwa verlobten sich eine junge Frau und ihr Liebhaber. Gerade als er ihr das Heiratsversprechen gab, hörte das Paar leise den charakteristischen Klageton über sich. Der junge Mann nahm es als schlechtes Omen und verließ das Mädchen, woraufhin es an gebrochenem Herzen starb. Am Tage ihres Todes konnte man den Gesang erneut hören; jetzt war er laut und klar.

Der Name *Ban-Sidhe* leitet sich von „van" her, „die Frau, die Schöne", ein Wortstamm, der sich etwa auch in „Venus" findet. Banshee heißt also so viel wie „Frau der Feen", wobei unklar ist, ob es sich um eine Feenfrau oder um eine Frau von Feen handelt. Letztere könnte etwa auch aus der Verbindung von Fee und Sterblichem hervorgegangen sein. Ihre Beinamen sind „Frau des Friedens", „Todesengel", „Geist der Lüfte", „Nymphe der Lüfte" und „Weiße Frau des Leids". Verwandtschaftliche Beziehungen bestehen unter anderem zur „Weißen Frau" (deren Haupt von einem Schleier verhüllt ist), die im deutschen Sprachraum ihr Unheil stiftet, und mehr noch zum Klageweib der Lüneburger Heide, das man, in Totenkleider gehüllt, an stürmischen Abenden, zumal bei Mondschein, mit bleichem Antlitz und hohlen Augen, die riesige Hand auf den Hut gelegt, antrifft.

benden und das seiner Familie mildern wollen, suchen es die feindlichen durch ihre Laute gerade umgekehrt zu vermehren.

Eine hoch angesehene Familie aus Mayo wurde von einer solchen feindlichen Banshee heimgesucht. Sie war der Geist eines jungen Mädchens, das von einem Oberhaupt des Clans zunächst betrogen und dann getötet worden war. Mit ihrem letzten Atemzug verfluchte sie den Mörder und versprach, sie würde ihn und die seinen für immer verfolgen.

Viele Jahre gingen ins Land, der Mann änderte seinen Lebenswandel. Sein einstiges Verbrechen war, auch von ihm selbst, fast vergessen. Eines Abends saß er mit seiner Familie am Kaminfeuer. Plötzlich ertönten draußen die unheimlichen Laute einer Banshee und wollten während der ganzen Nacht nicht verstummen. Es war, als ob das Schloss von Dämonen belagert würde. Zuletzt erkannte der Mann in der Stimme jene des jungen Mädchens, das er getötet hatte. In der darauf folgenden Nacht wurde er von einem seiner ehemaligen Anhänger ermordet. Wieder wurden die wilden, unirdischen Schreie des Geistes vernommen; sie klangen wie ein Jubelruf. Seit dieser Nacht hat die Banshee jeden Sterbefall der Familie mit ihren Lauten begleitet – als ob sie sich am Schmerz der Angehörigen labe.

Während „gewöhnliche" Feen überall existieren, gibt es Banshees nur dort, wo es Iren gibt. Wie aber der Fall der O'Gradys zeigt, kann es sehr wohl passieren, dass die Banshee ihnen auch im Ausland erscheint. Ein Zweig dieser alteingesessenen Familie wanderte nämlich nach

Kanada aus und lebte somit weit entfernt von den dunklen Einflüssen der Vorväter. Gleichwohl geschah es, dass die Familie eines Nachts vor dem neuen Haus ein schwermütiges Klagen vernahm. Am nächsten Morgen segelte der Herr des Hauses mit seinem ältesten Sohn aufs Meer hinaus. Als die beiden mittags noch nicht zurück waren, wurde sogleich Alarm geschlagen und eine Suchaktion gestartet. Stundenlang gab es keine Nachricht. Doch just zu der Zeit, da sich am Vorabend die wehmütige Stimme einstellte, kamen die Männer mit den zwei Leichen heim. Das Boot war von einer Welle ausgehoben worden und gekentert, Vater und Sohn in Sichtweite der Küste ertrunken. Die Banshee hatte ihre Mission erfüllt und verschwand für alle Zeiten.

Oft meldeten Banshees auch das Ableben eines Angehörigen, der sich gerade im Ausland aufhält. Doch wie kamen die Todesfeen an ihre Informationen, wenn etwa ein Ire als Söldner auf dem europäischen Kontinent sein Leben ließ? Als beispielsweise der Herzog von Wellington starb, sang eine Banshee an seinem Wohnsitz ihr Klagelied. Auch während der Napoleonischen Kriege wurden von ihr häufig Familien vom Tod ihrer Angehörigen benachrichtigt. Da sie ihnen selbst nicht ins Ausland folgen kann, denn sie ist ja für die ganze Familie zuständig, mutmaßen einige Forscher, es müsse neben den freundlichen und feindlichen Banshees noch eine dritte Art geben, die der so genannten „stillen", die für einzelne Familienmitglieder abgestellt sind, sie begleiten und gegebenenfalls Nachricht an die Banshee des Hauses geben. Doch diese Theorie harrt noch eines stichhaltigen Beweises.

Der Fir Dhorocha

Der „Dunkle Mann" ist der Butler und Chauffeur der Elfenkönigin. Als Diener serviert er Tee und Gebäck, als „Fahrer" erledigt er unter anderem nächtliche Entführungen.

Nie lässt der Fir Dhorocha dabei Gefühle erkennen oder macht eine hastige oder überflüssige Bewegung. Aufrecht sitzend und mit starr nach vorne gerichtetem Blick reitet er ohne Unterbrechung durch die schwarze Nacht, bis er an seinem Ziel angelangt ist: den Häusern von Sterblichen. Wenn er dann überhaupt etwas sagt, so sind es nur wenige Worte. Doch auch ohne große Ansprache verstehen die Menschen seinen Auftrag und entsprechen seinem Willen: Sie steigen aufs Pferd und reiten mit ihm ins Feenland. Einige bringt er sogar wieder zurück.

Zumeist sind es Frauen, die der Fir Dhorocha ins Feenreich trägt. Sie sollen der Königin als Hebamme oder Krankenschwester dienen. (Auch bei den Feen, so will es scheinen, herrscht Pflegenotstand.) Mitunter wird eine solche Frau vom Fir Dhorocha nach Sonnenuntergang zu ihrem eigenen Kind zurückgebracht. Wenn sie dann ihren alten Platz am Kamin einnimmt und ihr Kind stillt, hat der Ehemann eine Chance, sie zurückzubekommen. Dafür muss er sie sofort mit heiligem Wasser besprühen und ihr etwas zu essen geben. Schläft sie in der dritten Nacht ein, wird alles gut, denn der Mann kann jetzt ein rotes Garn um die Tür binden, das die Elfen daran hindert, hereinzukommen und die Frau

zu sich zurückzuholen. Ist die Nacht endlich überstanden, haben die Elfen ihre Macht über sie für immer verloren.

Eine solche Rückkehrmöglichkeit wird jedoch nur stillenden Frauen eingeräumt. Häufiger ist deshalb der schon angesprochene Fall, dass der Mann seinen ganzen Mut zusammennehmen und die Frau den Elfen entreißen muss.

So erging es einem Ehemann aus der Nähe von Coolgarrow. Seine Frau war so sehr mit Hof und Familie beschäftigt, dass sie den täglichen Gang zum Gottesdienst für eine Zeitverschwendung hielt, die sie nur von ihren Aufgaben abhielt. Eines Sonntags nun verspätete sie sich bei der Messe, weil eine der Kühe erkrankt war und sie den Feendoktor holte. In der folgenden Nacht wurde der Bauer vom Geschrei der Kinder geweckt. Als er die Kleinen fragte, was geschehen sei, erzählten sie ihm, dass kleine Männer und Frauen in Weiß, Rot und Grün gekommen seien und die Mutter mitgenommen hätten. Der Bauer lief vor das Haus, konnte seine Frau aber nicht mehr sehen. Auch in den nächsten Wochen blieb sie verschwunden.

Nach sechs Wochen meldete sich bei ihm eine Nachbarin, die häufig als Hebamme aushalf, und erzählte ihm eine sonderbare Geschichte: In der Nacht zuvor habe sie das Trampeln eines Pferdes vernommen. Daraufhin sei sie hinausgegangen, um nachzusehen, wer gekommen sei. Ein vornehmer Dunkler Mann habe sie aufgefordert, sofort mitzukommen, eine Frau bedürfe ihrer Hilfe. Er habe sie zu sich aufs Pferd gezogen und dann mit den Fingern über ihre Augen gestrichen. Von

da an habe sie nichts mehr gesehen. Auch habe sie weder gewusst, in welche Richtung sie ritten, noch wie lange sie unterwegs waren. Als sie vom Pferd gestiegen war, habe der Fremde mit den Fingern wiederum über ihre Augen gestrichen, diesmal aber in die andere Richtung, und sie habe wieder sehen können. Vor ihr stand ein großes Schloss. Dann sei sie durch die prächtige Eingangshalle geführt worden, bis sie am Ende zu einem Schlafgemach kam, in dem sich eine schöne Frau befand. Sie habe in die Hände geklatscht und ein weiterer Fir Dhoracha und ein Junge seien hereingekommen. Der Diener habe ihr dann eine Salbe gegeben, womit sie auf seine Aufforderung hin den Jungen behandelt habe. Doch weil sie das rechte Auge geschmerzt habe, habe sie es gerieben, wobei es in Kontakt mit der Salbe gekommen sei. Plötzlich sei das wunderschöne Gemach eine Höhle gewesen, von deren Decke und Wände Wasser tropfte, und die hoch gestellte Dame, der Junge und der Herr seien ihr als elende, vom Hunger gezeichnete und in Lumpen gekleidete Wesen erschienen. Doch habe sie dem Herrn nichts davon verraten. Dann sei sie hinausgeschickt worden und habe im Gang Molly, die Frau des Bauern, gesehen.

„Sie war verängstigt", erzählte die Nachbarin weiter. „Sie flüsterte mir zu, dass man sie entführt habe, um dem König und der Königin der Elfen als Amme zu dienen. Es gebe nur einen Weg, sie zu befreien: Am Freitag mache sich der Hof zu einem Besuch der Feen in Old Ross auf. Dabei werden die Elfen die Kreuzung bei Templeshambo passieren. Vielleicht können Sie sie an der Hand oder am Mantel vom Pferd ziehen. Sie müssen sie aber sehr fest halten!"

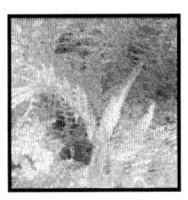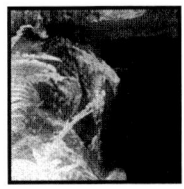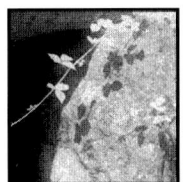

Als er diese Neuigkeit hörte, war der Bauer wieder zuversichtlich. Wie sie denn überhaupt zurückgekommen sei, fragte er die Nachbarin noch. Daraufhin erzählte sie ihm, dass der Dunkle Reiter, als er aus dem Schlafgemach trat, nicht die geringste Notiz von Molly genommen habe, als ob er sie nicht gesehen hätte. Und als er dann mit ihr die Höhle verlassen habe, hätten sie sich erstaunlicherweise auf dem Hügelgrab von Cromogue befunden. Das Pferd, das sie heimtrug, sei nichts weiter als eine alte Mähre gewesen. Zu Hause angelangt, habe ihr der Dunkle Reiter dann zum Dank fünf Guinees gegeben. „Aber", so endete die Amme ihre Geschichte, „als ich heute Morgen nachschaute, waren es nur fünf vertrocknete Eichenblätter."

An besagtem Freitag begaben sich der Bauer und die Nachbarin zu der Kreuzung, wo die vom Berg kommende Straße mit der nach Ross zusammentraf, und lauerten angespannt hinter einem Gebüsch auf die Feen. Gegen Mitternacht hörten sie endlich das Schnauben von Pferden. Als sie die Frau des Bauern vorbeireiten sah, gab die Nachbarin dem Bauern einen Schubs auf das Pferd zu und er riss sie an sich. Sogleich wollten sich die Elfen auf ihn stürzen, doch der Bauer machte das Kreuzzeichen, rief ihnen immer wieder „Fort, in Gottes Namen!" zu und zog seine Frau ganz dicht an sich. Plötzlich war um ihn herum alles still und Molly lag ohnmächtig in seinen Armen. Er hatte sie den Feen tatsächlich entreißen können. Seine Frau aber besuchte von nun an häufiger als der Pfarrer die Kirche und vermied den Umgang mit Elfen, vor allem an Sonntagen.

Sterbliche, die aus der anderen Welt zurückkamen, Geheimnisse der Feen verraten oder mit ihren neu erworbenen Fähigkeiten prahlen, treffen den Dunklen Mann ein zweites Mal. Eine Feenkönigin verlangt Diskretion von ihrem Personal und ihren Gästen. Wenn Besucher ihrer Gastfreundschaft nicht entsprechen, werden sie vom Dunklen Mann nachdrücklich daran „erinnert". Er nimmt dem Betreffenden das Sehvermögen oder lähmt ihm mit einer Berührung einen Arm oder ein Bein.

So erging es auch der hilfreichen Nachbarin. Als sie am nachfolgenden Donnerstag auf dem Markt in Enniscorthy war, erblickte sie zwischen den Zubern den Fir Dhorocha. Er sah sehr hungrig aus und schöpfte mit einer Kelle Nahrung aus den Fässern. Sie grüßte ihn und fragte, wie es seinem Sohn gehe. Er antwortete mit der Gegenfrage, wie ihr sein neuer Anzug gefalle. Sie sagte, sie könne ihn gar nicht recht sehen zwischen den Fässern. So ging er um sie herum und begab sich auf die andere Seite der Frau. Er sehe aus wie ein verwelktes Ampferblatt, sagte sie. Da wusste er, was sie im Palast gesehen hatte. „Den Anblick will ich dir nicht länger zumuten", sagte er und schnipste mit den Fingern. Seither war die Nachbarin auf dem einen Auge blind.

DER ROTHAARIGE MANN

Der Rothaarige Mann ist eine aus der Art geschlagene Fee, ein *deus ex machina*, der immer dann zur Stelle ist, wenn es gilt, Menschen zu retten oder sie von einem Zauberbann zu befreien. So warnt er etwa eine junge Frau, von einem Wein zu trinken, oder befreit einen Mann aus einer Feenfestung. Und wann immer jemand auf einem Fest niest, sagt er ihm „Gott segne dich", um ihn vor einer Entführung zu bewahren. Woher diese Zuneigung zu den Menschen kommt, ist unklar. Nur eines ist gewiss: Ohne ihn gäbe es im Feenreich ganze Kolonien von Sterblichen.

Auch einem Fischer, der regelmäßig von Innis-Erk (Insel von St. Erk) nach Innis-bo-finn (Insel der „Weißen Kuh") fuhr, um dort Tabak zu kaufen, stand der Rothaarige Mann bei, wiewohl es sich um einen ziemlich ungenießbaren Zeitgenossen handelte. Wenn das Wetter zu schlecht war, um mit dem Boot überzusetzen, wurde er unausstehlich und man tat gut daran, einen weiten Bogen um ihn zu machen. Wer das nicht vermochte – wie beispielsweise seine Frau oder gar das Hausmobiliar –, der bekam seine üble Laune eindrücklich zu spüren.

Eines Tages kam ein Mann zu dem Fischer und bot ihm an, trotz des hohen Wellengangs überzusetzen, um ihm den Tabak zu besorgen. Der Fischer erwiderte, er könne das selbst erledigen, denn er wollte ihm keine Belohnung geben. So möge er mit ihm zur Küste kommen, sagte der Mann, er zeige ihm, wie er ans andere Ufer gelange. Auf dem Weg zum Meer sahen sie eine große Ge-

sellschaft von Reitern und Reiterinnen, die lachend an ihnen vorbeigaloppierten. „Spring auf ein Pferd und du wirst hinübergelangen", sagte der Fremde und so geschah es. Als der Fischer in Innis-bo-finn angekommen war, besorgte er in aller Eile Tabak, sprang wieder auf ein Pferd und trat mit der Gesellschaft, die an der Küste auf ihn gewartet hatte, die Rückreise übers Wasser an. Doch auf halber Strecke hielten sie plötzlich inne. Dort nämlich, wo sich ein großer Felsen befand, gelang es ihnen nicht, die Pferde zum Weiterschwimmen zu bewegen, und es entstand Unruhe. „Ein Sterblicher ist unter uns", rief eine aufgebrachte Stimme, „er hindert uns am Vorwärtskommen!" Wütend bugsierten die Feen den Mann auf die Spitze des Felsen und warfen ihn hinunter. Als er aus dem Wasser wieder auftauchte, zogen sie ihn an den Haaren und riefen: „Ertränkt ihn, ertränkt ihn!" Gerade wollten sie ihn ein zweites Mal hinunterstürzen, als ein Rothaariger Mann vor sie trat und den Fischer mit starken Armen losriss. „Du bist nun sicher", sagte er ihm, als sie an der Küste ankamen, „aber gib Acht, die Geister beobachten dich, und wenn du noch einmal deine Frau schlägst, wirst du zur Strafe auf dem Felsen sterben." Dann verschwand er. Seither war der Mann so fromm wie ein Lamm, und wenn er in seinem Boot an dem Felsen vorbeifuhr, sprach er für seine Frau ein kurzes Gebet. Und sie lebten glücklich bis ans Ende ihrer Tage.

Das Meervolk

Viele Völker hegten den Glauben, dass bestimmte Tiere, darunter Seelöwen und -hunde, Gestalt und Fähigkeiten von Menschen annehmen. Auf diese Weise konnten Gefühle und scheinbar menschliche Verhaltensweisen erklärt werden. Es handelte sich eben nicht mehr um Tiere, die sich „merkwürdig" verhielten, sondern um maskierte Menschen. Allerdings fragte man sich dann, woher diese Menschen in Tiergestalt die Fähigkeit zur Verwandlung bekommen haben. Einerseits wurden sie – wie die Elfen insgesamt – für gefallene Engel gehalten, die aufgrund ihrer übernatürlichen Herkunft „zu allem fähig sind". Andererseits glaubte man, es handele sich um Menschen, die zur Strafe für eine Missetat Tiergestalt annehmen mussten und sich nur zu bestimmten Jahreszeiten oder bei bestimmten Gezeiten rückverwandeln konnten.

Eine andere Erklärung leitet die Existenz menschenähnlichen Lebens im Meer von Gottheiten ab. Wie alle Küstenvölker, so begegneten auch die Kelten dem Meer mit seinen oftmals übermächtigen Wellen und seinem Nahrungsreichtum mit Ehrfurcht und Dankbarkeit. Sie führten die Naturkräfte auf das Wirken von Göttern zurück, die sie in einem eigenen Reich ansiedelten, dem „Land unter der Welle" („Tir fo Thoinn"). Später wurden sie christlich verbrämt und ihre Taten erzählerisch ausgeschmückt.

Die Meerjungfrauen

Die Meerjungfrauen, die die flachen Küstengewässer Irlands bevölkern, heißen im Gälischen Moruadh oder Moruach. Der Name setzt sich aus „Mur", Meer, und „Oich", Jungfrau, zusammen. Bei der allgemein bekannten Darstellung der Meerfrauen als Mischwesen (halb Fisch, halb Frau) handelt es sich allerdings um eine späte Stilisierung. In der älteren Erzähltradition gibt es keinen physischen Unterschied zwischen Meer- und menschlichen Frauen. Vielmehr verhält es sich hier so, dass die Frauen im Wasser die Gestalt eines Seehundes haben und an Land ihre tierische Hülle abwerfen und ganz Mensch sind.

Die Meerfrauen sind anmutige und geschmeidige Geschöpfe. Ihr Kleid ist weiß wie der Meeresschaum und weist nur einige rote und purpurfarbene Farbtupfer auf. Ihr Haar, in dem Meersalz kristallisiert, erscheint wie Tau im Morgenlicht. Sie trägt einen roten Spitzhut, der ihr (im Wasser) keckes Wesen auf reizende Weise unterstreicht. Manchmal hat sie auch einen dunklen Mantel übergeworfen, der ihre üppigen Formen aber nur zur Hälfte verdeckt. Wenn sie sich im wärmenden Sonnenschein auf einem Felsen räkelt, verdreht die Meerfrau Männern den Kopf. Doch sobald ihr einer zu nahe kommt, springt sie ins Meer und lacht über den Liebestrunkenen, der mit leeren Händen dasteht. Sie bereitet den Männern auch deshalb wenig Freude, weil ihrem Erscheinen stets ein Sturm folgt. Sie verursacht Wellengang und holt den Regen vom Himmel herab und bringt so Schiffe und Boote zum Kentern. Warum? Aus purer Lust an Abwechslung und Unterhaltung.

Wild und unberechenbar auf See, sind die Meerfrauen am Land scheu, ja unterwürfig. Sobald sie Mantel und Hut abgelegt haben, sind sie fürsorglich und liebevoll. Darum gelten sie vielen Männern als ideale Ehefrauen und manch lediger irischer Fischer harrt noch Stunden nach der Arbeit in der Hoffnung am Strand, endlich eine Partnerin zu finden. An Land verlieren die Seejungfrauen aber nie ganz die Erinnerung an ihre sorglose Existenz im Meer, und so scheinen sie von zarter Melancholie umfangen und selten nur sieht man sie lachen.

Will ein sterblicher Mann die Loyalität seiner Meerjungfrau sicherstellen, muss er daher die Zauberkappe *(Cohuleen Druith),* die sie für das Leben unter Wasser benötigt, vor ihr verstecken. Denn wenn sie den Hut in Händen hält, wird sie ihn, so groß die Liebe zu ihrem Mann und ihren Kindern auch sein mag, instinktiv aufsetzen, zur Küste eilen und ins Wasser springen. Und wie sehr der Ehemann dann auch sein Schicksal bejammert und die Mächte des Meeres anruft, seine Frau wird er nicht mehr zurückbekommen.

Ein anderes Problem ist das der Trauung. Kein Priester ist bereit, einem Fisch ein heiliges Sakrament zu gewähren. Zumindest nicht ohne weiteres. Dies musste auch Dick Fitzgerald erfahren, der immerhin eine Meeresprinzessin heiraten wollte. Doch er wusste ein schlagkräftiges Argument: Er sagte dem Pfarrer, er könne auch zu einem Priester gehen, der den Penny mehr ehrt. „Das ändert den Fall natürlich vollständig", schwenkte der Angesprochene ein und verheiratete die beiden noch an Ort und Stelle. Die Früchte der unchristlichen Verbindung waren im Übrigen drei hübsche und kräftige Kinder.

Die gestohlene Haut

Viele Erzählungen vom Meervolk kreisen um diese zwei sich abstoßenden Pole: Die Sehnsucht des Mannes nach ehelicher Bindung und das Verlangen der Frau nach der Freiheit des Meeres.

Dan McCurdy war ein hervorragender Fischer und Seefahrer, dessen ausgedehnte Fahrten ihn bis nach Schottland brachten. Obwohl er in den vielen Häfen, in denen er festmachte, so manches Mädchen kennen gelernt hatte, lebte er in seiner weißen Hütte bei Carrick-a-rede allein und sein ganzer Lebensinhalt war der Fischfang.

Eines Abends saß er rauchend auf einem Felsen bei Ballintoy, den Kragen hoch gezogen, um sich gegen die frische Meeresbrise zu schützen. Da vernahm er das unschuldige, glucksende Lachen einer jungen Frau. Dan McCurdy war zutiefst beglückt, als er die heitere Stimme vernahm. Doch um ihn waren nichts weiter als ein paar Möwen und ein grauer, moosbewachsener Felsen. Als er jedoch aufs Meer hinausblickte, sah er einige Seehunde, die aus der Flut hervorlugten und zur Küste schwammen. Dort angelangt, fiel die Haut von ihnen ab und es entschlüpften junge, hübsche Mädchen, die eine Verfolgungsjagd veranstalteten. Dabei geschah es, dass das jüngste und hübscheste von ihnen, dessen schwarze Locken wie Seetang aussahen, in seine Richtung blickte. McCurdy entbrannte in Liebe zu ihm, und da er aus alten Erzählungen wusste, dass man sich des Überzuges der Meerjungfern bemächtigen musste, um sie für sich zu gewinnen, schlich er sich zu jener Stelle, wo die Seehunde gestrandet waren, brachte die Haut der Angebeteten in

seinen Besitz und versteckte sie daheim im Dachstroh. Gegen Morgen hörte er vor seinem Haus tappende Schritte. Wie erwartet, stand vor ihm die schöne Meerjungfrau und sagte ihm mit einem Zittern in der Stimme, wenn er ihre Haut mitgenommen habe, müsse er sie ihr zurückgeben, denn sonst könne sie nicht heimkehren.

McCurdy tat, als ob er ihre Aufforderung redlich erwöge. Dann gab er zur Antwort, er müsse erst den Pfarrer fragen, schließlich handle es sich um ein heidnisches Zauberwerkzeug. Das Mädchen fing an zu weinen, denn sie wusste, dass sie, sobald ein Priester die Haut berührte, ihre Verwandlungskraft für immer verlieren würde. Dann versuchte sie, McCurdy umzustimmen. Sie könne ihn zu einer Höhle führen, in der Schmugglerware versteckt liege, kistenweise Whiskey und Tabak, sagte sie. Oder zu einem Schiffswrack, auf dem Gold zu finden sei.

Aber McCurdy ersann immer neue Ausreden, um auf ihre Angebote nicht eingehen zu müssen. Stattdessen forderte er die Meerjungfrau seinerseits auf, ihn zu heiraten. Nach einer Weile würde er sich die Rückgabe der Haut dann überlegen. Natürlich hatte er nicht im Geringsten die Absicht, das zu tun, aber die Meerjungfrau ging auf seinen Vorschlag ein. Obwohl sie bereits mit einem Meermann verheiratet war, denn wie sollte sie sonst auch in ihr Reich zurückkehren?

Sogleich wurden die beiden nach dem heidnischem Ritus der Western Islands verheiratet. Das Mädchen wurde McCurdy eine gute Frau und gebar ihm drei Kinder. Mit der Zeit gewöhnte sie sich an das Leben unter den Menschen. Nur gelegentlich noch ging sie bei Vollmond zur Küste von Ballintoy, wo sie einst mit ihren Gefährtinnen

spielte, und sah sehnsüchtig aufs Meer. Manchmal tauchte dann ein mächtiger Seehund aus den Fluten auf und brüllte, als ob er nach seiner Gefährtin rief. Wenn McCurdy ihn sah, wurde er eifersüchtig, denn er argwöhnte, es sei ihr Mann, der zu ihr in Beziehung treten wollte. Dann lief er nach Hause und überprüfte, ob die Haut noch dort war, wo er sie einst versteckt hatte. Die Meerfrau aber sprach nie wieder von ihrer Rückkehr. Sie hatte sich in ihr Schicksal gefügt und auf diese Weise ein bescheidenes Glück gefunden.

Eines Tages, McCurdy war mit dem Boot aufs Meer hinausgefahren, kam ein schwerer Sturm auf, und der Fischer musste Schutz in Rhagery suchen. Unterdessen hatte seine Frau Sorge, der Wind könne das Dach abdecken. Um es zu sichern, stieg sie hinauf. In der Tat war das Stroh in einer Ecke fortgerissen worden, gerade dort, wo ihr Mann die Haut aufbewahrt hatte.

Als McCurdy die Heimfahrt antrat, spürte er gleich, dass etwas nicht stimmte. Seine Vorahnung sollte sich als begründet erweisen. Zu Hause saßen seine Kinder allein am Tisch. Seine Frau war verschwunden. Als sie die Kappe in der Hand hielt, hatte es sie unwiderstehlich zurück ins Meer gezogen.

McCurdy heiratete nicht mehr; er wurde wunderlich und vereinsamte immer mehr. Oft ging er zu den Klippen von Ballintoy und sah schwermütig aufs Meer hinaus. Manchmal erblickte er bei Dämmerung zwei Seehunde, die sich aus der Flut erhoben und auf dem benachbarten Felsen Platz nahmen. Dann verschwand einer von ihnen im Wasser und der andere sah McCurdy lang und intensiv ins Auge. Er wusste, dass es seine Frau war. Sie hatte ihn trotz allem nicht völlig vergessen.

Die Meermänner

Über die Attraktivität der Meermänner besteht, anders als bei den Meerfrauen, Uneinigkeit. Oder vielmehr, es besteht Einigkeit darüber, dass ihre erotische Ausstrahlung gerade so groß ist wie ihr Schnauzbart dünn und fransig. Auch der Rest ihrer Erscheinung ist nicht dazu angetan, daran Grundlegendes zu ändern: Die Haut der Meermänner ist wie ihre Zähne und Haare grün, zumal schuppig, die Nase rot; die Arme gleichen Flossen und ihre Augen ähneln unglücklicherweise denen von Schweinen. Die Krönung dieses traurig komischen Anblicks bildet ein kleiner Spitzhut, der den Eindruck erweckt, als hätte er sich verlaufen.

Anscheinend sind Meermänner aber selbstsicher genug, um ihr Aussehen nicht unter Kleidung zu verbergen. Wenn sie nämlich das Meer von einem Felsen aus beobachten, so tun sie das nackt. Zu allem Überfluss haben sie eine Vorliebe für Weinbrand, den sie als Treibgut aus dem Meer fischen oder aus Schiffwracks entwenden. Einige Ozeanofeeologen führen die rote Färbung ihrer Nase folglich auf übermäßigen Alkoholkonsum zurück. Jedenfalls kann es angesichts dieses wenig überzeugenden Angebots in den eigenen Reihen nicht überraschen, dass sich manch anmutige Meerjungfrau lieber einen Sterblichen zum Gatten wählt.

Manchmal entbrennen jedoch sogar schöne Erdenfrauen in Liebe zu Meermännern. Damit ihre Mädchen keinem ungebührlichen Begehren nachgeben, werden sie von den Iren frühzeitig verheiratet. (Das hindert vernachlässigte oder betrogene Ehefrauen jedoch nicht, ihrem Angetrauten damit zu drohen, dass sie sich mit einem Meermann trösten würden.) Zugleich argwöhnen die Iren, dass, wenn ein junges Mädchen in den Fluten verschwindet, es nicht einfach ertrunken ist, sondern vom Meeresvolk in unkeuscher Absicht gefangen genommen wurde. Zum Schutz vor solchen Übergriffen wird den jungen Frauen deshalb ein Kreuz auf die Brust gemalt.

Auf einigen Inseln erzählt man sich von der hübschen, aber – aus Männersicht – allzu selbstbewussten Tochter eines Gutsbesitzers, die jedem Bewerber mit Verachtung und Ablehnung entgegentrat. Sie hatte beschlossen, sich ihren Lebensgefährten selbst auszusuchen, und ihre Wahl war auf einen jungen Mann gefallen, der in ihrem Haus als Knecht arbeitete. Dem alten Vater verbarg sie ihre Liebe, da sie wusste, dass sie ihn damit verletzen und sich um das Erbe bringen würde. Als er dann aber starb und ihre Mitgift sicher war, forderte sie den jungen Mann auf, sie zu heiraten, was er trotz der allgemeinen Empörung über die nicht standesgemäße Verbindung auch tat.

Allerdings wurde die junge Frau mit ihrem Gatten nicht glücklich, wenn sie sich und vor allem den Nachbarn ihre Enttäuschung auch nicht eingestehen wollte. So befriedigte sie ihr ungestilltes Verlangen, indem sie sich heimlich mit einem Meermann einließ: Sie ging zur Küste und vergoss sieben Tränen in das heranflutende Meer. In der Dämmerung kam ein Seehund herangeschwommen und sagte ihr, er würde sie zur Springflut aufsuchen. Dann könne er menschliche Gestalt annehmen. So geschah es. Als die Frau dann Kinder zur Welt brachte, glichen ihre Hände und Füße den flächigen

Pfoten eines Seehundes. Deshalb ging die Hebamme hin und trennte die Finger und Zehen mit einer Schere voneinander. Doch es traten Verhornungen auf, die auch die späteren Nachfahren noch aufwiesen – ein bleibendes Zeugnis der heiklen Liaison.

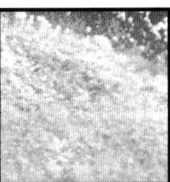

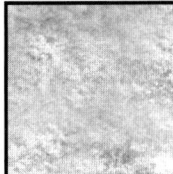

DIE ZAUBERMELODIE

Der blinde Maurice Connor war ein ganz besonderer Virtuose. Er, der König unter den Dudelsackpfeifern in Munster, spielte nicht nur Tänze, Märsche und Lieder aller Art. Seine Spezialität war eine Melodie, die jedermann zum Tanzen brachte und nicht wieder aufhören ließ. Kaum ertönten die ersten Noten, so machten sich die Füße der Zuhörer selbstständig. Immer schneller und wilder glitten sie dann über den Boden, bis die Musik verstummte.

Maurice wurde von seiner Mutter in der ganzen Gegend herumgereicht und gab bei jeder Gelegenheit seine Kunst zum Besten. Einmal spielte er auch am Strand von Iveragh, in der Bucht von Ballinskellig, auf seinem Dudelsack zum Tanz auf. Nach getaner Arbeit bot ihm der Tanzmeister Paddy Dorman etwas zu trinken an. Maurice antwortete ihm trocken: „Wenn's kein Wasser ist!" und setzte zu seiner zweiten Spezialität an: Er leerte die ihm dargereichte Flasche Whiskey in einem Zuge. Hochgestimmt verfiel Maurice wieder einmal auf seine erste Spezialität, die Zaubermelodie. Kaum war der erste Takt gespielt, konnte schon niemand mehr ruhig stehen. Auch Maurice begann von einem auf den anderen Fuß zu hüpfen, was aufgrund seines nicht mehr intakten Gleichgewichtssinns aussah, als ob ein Schiff in rauer See schwankte. Doch wäre dies alles nicht der Rede wert, hätten nicht diesmal sogar die Fische angefangen, in die Höhe zu springen und wieder ins Wasser einzutauchen. Selbst die Krabben ließ Maurice' Spiel nicht kalt. Sie drehten sich ein ums andere Mal mit größter Geschicklichkeit um eine Schere und warfen dazu die andere in

die Höhe. Doch war dies alles noch immer nichts gegen das, was nun geschah: Von der Meerseite her näherte sich eine wunderhübsche junge Frau, deren Erscheinung sich keiner der Anwesenden entziehen konnte: Sie trug einen spitzen Hut, unter dem grünes Haar hervorquoll. Ihre Zähne blinkten wie Perlenketten und ihre Lippen glichen roten Korallen. Das elegante Kleid war so weiß wie der Schaum der Wellen und bestückt mit roten und violetten Applikationen aus Seetang. Das Mädchen tanzte zu Maurice hinüber und gab ihm, honigsüß singend, zu verstehen: „Ich bin eine ehrenwerte Dame und lebe im Meer. Tauche mit mir hinab, Maurice Connor, und heirate mich. Silberne Teller und goldenes Besteck sollst du besitzen und der König der Fische sein."

Nun trieb der Whiskey allerdings noch immer sein Unwesen in Maurice' Kopf, und so gab er ihr, gleichfalls singend und Beine schlagend, zur Antwort: „Gerne würde ich auf das Angebot eingehen und an deiner prächtigen Tafel speisen. Allein, Salzwasser schmeckt mir nicht so!"

Doch trotz dieser forschen Zurückweisung fuhr die Dame fort, Maurice mit ihrer sanften Stimme zu bezirzen. Endlich versprach er, sie zu heiraten und König der Fische zu werden. Gewiss würde er sie alle glücklich machen, dachte er bei sich, wenn er sie nur immer so zum Tanzen brächte. Und manchmal würden sie sich zusammen einen anständigen Schluck zu Gemüte führen; bestimmt fände sich in irgendwelchen Schiffswracks hin und wieder ein edler Tropfen.

So musste Maurice' Mutter mit ansehen, wie ihr Sohn und das grünhaarige, schuppige Ding eng umschlungen den Strand hinuntertanzten. Ach, klagte sie,

schon ihren Mann habe sie verloren, und jetzt nehme man ihr auch noch ihren Jungen! Und welch unnatürliche, durch und durch unchristliche Verbindung! Womöglich werde sie sogar die Großmutter von einem Dorsch oder Hecht, nicht auszudenken! Und in einem letzten Aufruhr der Verzweiflung rief sie: „Mein Sohn, wenn nur noch ein Rest von Liebe und Anstand in dir steckt, komm zurück zu deiner alten Mutter!"

Unterdessen spielte und tanzte Maurice weiter. Da er die große, donnernde Welle, die auf ihn zulief, nicht sehen konnte, war er ohne Angst. Nur seine Mutter sah sie durch ihre Tränen hindurch, doch sie konnte nicht eingreifen, da auch ihre Füße im Bann der Musik standen, oder genauer: tanzten.

Immerhin versprach ihr Maurice, dass er ihr einmal im Jahr an genau diesem Tag ein Stück verbranntes Holz schicken werde. Gewiss, ein Kittel oder ein Paar Schuhe wären nützlicher gewesen.

Doch schien ihm ein verbranntes Stück Holz aus der Tiefe des Meeres gerade merkwürdig genug, um seiner Mutter zum Ausdruck zu bringen, dass er alles Mögliche tun werde, um mit ihr in Kontakt zu bleiben. Dann legte ihm die grünhaarige Frau einen Mantel mit einer Kapuze über und die Welle brach über sie herein und riss sie mit sich.

Seither steigt jedes Jahr am Tag von Maurice' Verschwinden verkohltes Holz in der Bucht von Ballinskellig auf. Die Mutter starb allerdings schon bald nach dem Ereignis, teils aus Kummer über den Verlust ihres Sohnes, teils aus Erschöpfung. Aber vielleicht hat es sie wenigstens getröstet, dass sie unter Ihresgleichen begraben wurde.

In stillen Nächten haben Seefahrer vor der Küste von Kerry oft eine Musik vernommen, die aus der Tiefe des Wassers aufsteigt. Und einige mit besonders guten Ohren haben sogar Maurice Connors herausgehört, wie er zu seinem Dudelsackspiel die folgenden Verse singt:

Du schöne Küste mit weitem Strand,
kristall'nem Wasser, diamant'nem Sand!
Verließ' dich nie, für eins allein:
Die Meerjungfrau! Sie wollte mein!

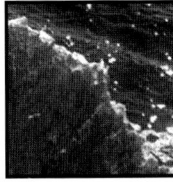 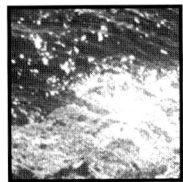 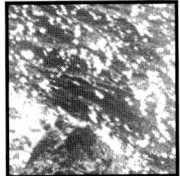

Das letzte Begräbnis

Das Familiengrab der Cantillons befand sich auf einer Insel in der Bucht von Ballyheigh. Nachdem das Eiland im Atlantik versunken war (der dort, vor der Küste von Kerrys, besonders rau ist), behaupteten Fischer immer wieder, dass sie die Überreste der alten Friedhofskapelle unter sich im Wasser gesehen hätten.

Wie die meisten irischen Familien, so hingen auch die Cantillons an ihrer Grabstätte. Allmählich entstand deshalb die Gewohnheit, dass man, wenn ein Familienmitglied starb, den Leichnam in einem Sarg zum Ufer brachte und ihn in Reichweite der Flut abstellte. Man glaubte, die Vorfahren würden ihn über Nacht zu dem Grab befördern.

Nun hatte in den Clan der ehrenwerten Cantillons ein gewisser Connor Crowe aus der Grafschaft Clare eingeheiratet, der, ohne alle familiären und grafschaftlichen Bindungen, den Dingen auf den nüchternen Grund gehen und die Wahrheit über die alte Kirche ans Tageslicht bringen wollte.

Für dieses aufklärerische Anliegen kam ihm der Tod von Florence Cantillon gerade recht. Er ging nach Ardfert, wo Florence zur Totenwache aufgebahrt war.

Wie es die Familientradition wollte, wurde der Sarg im Anschluss an die Trauerfeierlichkeiten zum Strand von Ballyheigh gebracht. Man sprach ein letztes Gebet für den Toten und ließ ihn allein zurück – nicht ganz allein allerdings, denn auch Connor Crowe blieb dort. Er setzte sich auf einen Stein hinter einem Felsen, sodass er nicht gesehen werden konnte, zog einen Flachmann aus seinem Mantel und erwartete das Erscheinen der Geisterbestatter. Der milde Abend war in mattes Mondlicht getaucht. Nichts war zu sehen außer dem weißen Kies des Strandes, an dem sich die See schwermütig rauschend brach, und den Felsen in ihrem Widerschein. Connor fühlte sich trotz (oder wegen) seiner hochprozentigen Unterstützung ziemlich unwohl in seiner Haut und begann seine Neugier zu bedauern. Das Stöhnen des alten Ozeans wuchs sich in seiner Vorstellung allmählich zu einem klagenden Jammern aus, einem Ruf nach dem Toten, und in den Schatten der Felsen vor sich glaubte er die Umrisse seltsamer Gestalten zu erkennen. Doch weiter geschah nichts.

Lange nach Mitternacht, Connor hatte inzwischen mehrmals nur knapp dem Schlaf widerstanden, legte sich über das schwere, monotone Rollen des Meeres ein Stimmengewirr, das immer stärker wurde. Schließlich hörte er eine Totenklage aus ihm heraus, die im Rhythmus des wogenden Meeres anhob und fiel. Die Klage wurde lauter und lauter, als ob sie sich der Küste näherte, und sank dann zu einem leisen Wimmern herab. Schließlich erkannte Connor im Dämmerlicht geheimnisvolle Schemen, die aus dem Wasser aufstiegen und sich um den Sarg aufstellten, um ihn für den Transport vorzubereiten.

„Das kommt davon, wenn man sich mit den Wesen des Landes verheiratet", sagte eine der Gestalten mit klarer, hoher Stimme.

„Unser König hätte nie seine Wellen geschickt, um die Insel zu überschwemmen, wenn seine Tochter Durfulla nicht dort von ihrem sterblichen Mann begraben worden wäre!", erwiderte ihr eine andere.

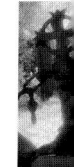

„Aber die Zeit wird kommen", sagte ein Dritter, „dass ein sterbliches Auge unsere Arbeit erspäht und ein sterbliches Ohr unsere Klage erlauscht."

„Und dann", sagte ein Vierter, „werden wir die Cantillons nie mehr begraben müssen."

Bei den letzten Worten wurde der Sarg von einer Welle erfasst und davongetragen. Schon bereitete sich das Meervolk auf seine Rückkehr vor, da erblickte einer der Meermänner Connor Crowe, der vor Staunen und Angst erstarrt dasaß.

„Die Zeit ist gekommen", rief der vierte Meermann, „ein Mensch hat uns gesehen! Lebt wohl, ihr Cantillons! Die Kinder des Meeres sind nicht länger verdammt, den Staub der Erde zu begraben!" Dann sprangen sie erleichtert ins Wasser und sanken gleich dem Sarg über dem alten Kirchhof in die Tiefe. Dies war das letzte Begräbnis eines Cantillons in der Bucht von Ballyheigh.

DER DULLAHAN

Eine besonders Furcht erregende Gestalt der irischen Erzähltradition ist der Dullahan oder Dulachan. Der Ur-
sprung des Namens ist Dorr oder Durr, „Ärger", oder
Durrach, „wild". Der Dullahan ist also jemand, der
selbst verärgert ist oder anderen Ärger macht. Näherhin
handelt es sich um einen mürrischen, finsteren Reiter,
der auf seinem schwarzen Ross schweigsam durch die
einsame Nacht sprengt oder in einer von sechs Rappen
gezogenen Kutsche sitzt. Das Erscheinen des Dullahan
deutet zumeist auf Tod oder Unglück hin. Was seinen
Kopf betrifft, so darf man diesen schwarzen Reiter wahr-
lich wild nennen. Nicht, weil er keinen besäße, nur trägt
er ihn für gewöhnlich unter dem Arm.

Knochenreste, die verstreut umherlagen, und bahnte sich mühsam den Weg durch Ampfer und Brombeerbüsche. Der Frau schienen all diese Dinge kein Hindernis zu sein, so glatt und gleichmäßig strich sie darüber hinweg. Ja, sie machte aus der Verfolgungsjagd offenbar ein Spiel, denn sie führte Larry immerzu im Kreis herum. Als er das endlich bemerkte, hielt er inne und wartete, bis sie erneut an der betreffenden Stelle vorbeikam. Dann schnappte er zu, um den verdienten Kuss zu erhaschen. Denn gewiss war es ein junges, hübsches Mädchen, das ihn da so gewandt an der Nase herumführte, ein Mädchen, das nur auf seinen Kuss wartete, das – er drückte es an sich – keine Lippen besaß!

Wie das? Nun, der sogleich einsichtige Grund dafür war, dass dem Mädchen auch der dafür notwendige Kopf fehlte. „Mord!", schrie Larry, als ihm die bittere Erkenntnis kam. „Deshalb spricht sie nicht!" Dann wurde ihm schwarz vor Augen. Er schwankte wie ein Trunkener und musste sich gegen das zerbrochene Fenster der Ruine stützen. Er hatte einen Dullahan umarmt!

Als Larry wieder zu sich kam, erblickte er eine in seltsames Licht getauchte Umgebung. Inmitten der Ruine stand, wie in einem Gefängnis, ein altes Folterrad, an dem Köpfe befestigt waren. Alsbald bestürmten ihn merkwürdige Geräusche, die in das nicht aufhören wollende Geklingel kleiner Glocken übergingen. Schließlich klapperten und rumpelten Knochen herein und es erklang ein schwerer Glockenschlag. Jetzt drehte sich das Rad mit den Schädeln und Männer und Frauen unterschiedlichster Herkunft, alle ohne Kopf, tanzten im Kreise. Einige Skelette, deren bleiche Knochen nicht am

III

Tanz teilnahmen, trugen rostige Eimer in der Hand und waren damit beschäftigt, mit ihren Köpfen zu kegeln. Das schien ihnen äußerstes Vergnügen zu bereiten. Da verlor Larry das Gleichgewicht, fiel kopfüber durch das Kirchenfenster und landete inmitten der Dullahan-Gesellschaft. Er wollte um Hilfe schreien und davonlaufen, aber seine Zunge klebte am Gaumen und seine Beine waren kraftlos.

Zu seiner Verwunderung wurde er von den auf- und abspringenden Köpfen jedoch begeistert empfangen. „Einen Drink für Larry Dodd!", riefen sie im Chor. Gesagt, getan: Ein Gerippe, das seinen Kopf unter dem rechten Arm hielt, reichte ihm mit dem linken einen bis zum Rand gefüllten Becher. Larry sah hinein und nahm einen Schluck von dem Trank. „Ein kapitales Zeug!", wollte er mit wiedergewonnener Stimme sagen, doch kam er nur bis „kap". Dann machte sich sein Kopf selbstständig und begann, über seine Schultern zu tanzen.

An mehr konnte sich Larry nicht erinnern, als er am nächsten Tag in der alten Kirche von Kilnaslattery aufwachte. Was nicht weiter verwundert, da die Trennung von Kopf und Rumpf für den Denkvorgang bekanntlich nicht von Vorteil ist. Nur, dass die Dullahan-Gesellschaft sich plötzlich zerstreute, fiel ihm noch ein, und dass Kutschen knarrten und Peitschen knallten.

Dann tastete Larry nach seinem Kopf. Zu seiner freudigen Überraschung fand er ihn dort wieder, wo er sich am Vortag befunden hatte. War es also nichts weiter als ein scheußlicher Traum gewesen? Ein Traum aber hätte ihn nie hierher gebracht. Doch wo war sein Pferd? Er stand auf, unter Schmerzen, denn er war durch das

Fenster in die Kirche gestürzt, und ging zurück zum Tümpel. Aber auch dort fand er es nicht. Was ihn der Gaul gekostet hatte! Und jetzt war er fort! Die Dullahans, diese Pferdediebe, die keine Angst vor dem Galgen haben, hatten ihn mitgenommen!

Als Larry gegen Mittag nach Hause kam, war seine Frau Nancy keinen Deut weniger zornig, als er es befürchtet hatte. Im Mitleid erregendsten Ton, der ihm möglich war, erzählte er ihr sein Unglück. Was ihn denn überhaupt bewegt habe, die Straße zu verlassen, fragte seine Frau argwöhnisch weiter. Nach einigem Zögern gestand Larry, dass er einer Frau begegnet sei. Jetzt konnte sich Nancy nicht mehr halten und schimpfte los: „Eine Frau, ich habe es ja gleich gewusst! Du Schürzenjäger! Du ... du schamloser Kerl! Deine ewigen Frauengeschichten bringen mich noch ins Grab!" – „Aber es war doch nur eine ohne Kopf", entschuldigte sich Larry. „Bestimmt, sie hatte keinen Kopf! Ich weiß also nicht mal, wer sie ist!" Aber Nancy wollte sich nicht mehr beruhigen: „Als sei eine Frau ohne Kopf keine Frau!" Sie kreischte und fluchte und hielt Larry, wo sie einmal dabei war, gleich noch all seine übrigen Fehler und Versäumnisse vor. Da entgegnete ihr Larry: „Vielleicht hast du Recht und eine Frau ohne Kopf ist sogar eine bessere Frau." Seine Gattin sah ihn mit großen, verwunderten Augen an. „Weil sie keine Zunge hat", fügte Larry hinzu. – Man wird sich unschwer vorstellen können, dass Nancy jetzt erst richtig loslegte.

Die Lianhan Shee

Eine außergewöhnliche Erscheinung unter den Feen ist die Lianhan Shee, die Liebesfee. Denn sie tritt nicht nur einzeln auf, es spricht sogar manches dafür, dass es nur eine einzige gibt.

Möglicherweise verhält es sich aber auch so, dass jede Feenfrau zu einer Lianhan Shee wird, wenn sie sich verliebt. Doch damit der Unklarheiten nicht genug: Zwar übt die Lianhan Shee eine ungeheure Anziehungskraft auf sterbliche Männer aus, aber sie ist – zumindest für Außenstehende – so wenig greifbar, dass sich der Eindruck aufdrängt, sie sei überhaupt keine Frau von Fleisch und Blut, sondern eine magische Kraft. Der Sterbliche, der sich in Liebeskummer nach ihr verzehrt, kennt nur noch sie und vergisst alles um sich herum. Nur: Je mehr Leid die Lianhan Shee ihm zufügt, desto lieber wird sie ihm. Und je mehr er sie begehrt, desto mehr entzieht sie sich ihm. Was so weit geht, dass der Liebeskranke dieser Welt entsagen muss, um sie besitzen zu können. Kurz: Glück und Unglück liegen im Falle der Lianhan Shee so nahe beieinander, dass man sie für dasselbe halten könnte. Aus alter Zeit stammen die folgenden Legenden:

Connla mit dem Feurigen Haar, der Sohn von König Conn, erblickte auf dem Hügel von Usna ein junges Mädchen. Es erzählte ihm, dass es aus dem Land des ewigen Lebens komme, wo Glück und Freude zu Hause seien. Obwohl alle Umstehenden seine Worte hörten, konnte niemand außer Connla es sehen. Als es ihm nun die Königswürde in seinem Reich und bleibende Jugend anbot, fürchtete der Vater um den Thronfolger und bat den Druiden um Hilfe, der das Mädchen mit einem Zauberspruch vertrieb. Doch im letzten Moment konnte es Connla einen Apfel zuwerfen.

Einen Monat aß der Königssohn nur diesen Apfel, der ständig nachwuchs und sich wieder rundete. Connla verspürte eine immer stärker werdende Sehnsucht nach dem Mädchen. Als er eines Tages mit seinem Vater auf der Ebene von Arcomin stand, näherte sich die Fee ihm erneut und forderte ihn auf, sie nach Moy Mell, ins Land der Freuden, zu begleiten. Der König rief aufgeregt nach dem Druiden, doch noch ehe dieser zur Stelle war, sprang Connla, glühend vor Verlangen, in das kristallene Kanu der Fee und ruderte mit ihr der untergehenden Sonne entgegen. Niemand sah die beiden je wieder, und niemand weiß, wohin sie gelangten.

Eine Lianhan Shee setzte sich des Nachts an das Bett von Angus Og und wiegte ihn mit ihrem Harfenspiel in den Schlaf. Solange er im Bett lag und sich nicht rührte, dauerte ihr Spiel an, wenn er die Fee aber festhalten wollte, verschwand sie.

Nach Ablauf eines Jahres hörten ihre Besuche auf und Angus wurde liebeskrank. Die Ärzte fanden keinen organischen Schaden, und so konnte ihn nur die Gegenwart der Geliebten heilen. Angus Og zog aus, um sie zu suchen, und fand sie schließlich in Gestalt eines Schwans. Da er nicht mehr ohne sie leben konnte, verwandelte er sich gleichfalls in einen Vogel, um ihr nahe zu sein. Der gemeinsame Gesang der beiden bezeugte von nun an ihre Liebe. Er war so schön, dass alle, die ihn

hörten, für drei Tage und Nächte jenes Reich betraten, in dem Angus Og die Lianhan Shee kennen gelernt hatte: das Reich der Träume.

Obgleich von Barden oft besungen, wurde die Lianhan Shee niemals beschrieben. Vielleicht, weil jeder Mann, der einmal von ihr bezirzt wurde, sie eifersüchtig den potenziellen Mitbewerbern vorzuenthalten sucht. Wahrscheinlicher aber ist, dass kein Sterblicher sie überhaupt zu beschreiben vermag, so wenig, wie er sein Verlangen zum Ausdruck bringen kann. Vielleicht auch macht ihn die Lianhan Shee sprachlos, weil sie es nicht erträgt, dass ihr Ruhm und Glanz durch seine Worte auf menschliches Maß gestutzt werden. So wollen wir, um sie nicht möglicherweise zu kränken, das Kapitel an dieser Stelle beenden.

Der Phouka

Der Phouka oder Pouke, wörtlich übersetzt „der Böse", ist dem deutschen Mahr verwandt, jenem Nachtgeist, der den Albdruck verursacht. Zumeist tritt er in Gestalt eines großen, glänzend schwarzen Hengstes mit feurig gelben Augen und einer langen Mähne auf, der bläuliche, nach Schwefel stinkende Flammen durch seine Nüstern ausstößt und schnaubt, als ob es am Himmel donnert. Obwohl die Umrisse des Phoukas undeutlich sind wie bei einem Traumgebilde, an das man sich nur vage erinnert und das dennoch Angst hervorruft, ist sein Fleisch warm und fest. Dabei ist er herkömmlichen Pferden weit überlegen. Er macht riesige Sätze, als trüge er Sieben-Meilen-Hufe, und wird beim Galopp nie müde. Auch spricht er fließend Irisch, ist im Ton allerdings ziemlich unhöflich und rüde.

Mitunter erscheint der Phouka auch als Fledermaus oder Esel. Dann wiederum ist er ein Adler, der sich hinterrücks auf einen Menschen stürzt, oder eine schwarze Ziege mit großen, spitzen Hörnern, die einen Sterblichen von hinten anspringt und sich so lange mit den Krallen an ihm festhält, bis dieser tot umfällt oder sich dreimal Segen eingeholt hat.

Die Schäden, die der Phouka verursacht, wiegen in der Regel nicht schwer, und wenn doch, dann treffen sie Leute, die es nicht besser verdient haben oder ihm ohne Achtung begegnen. Mit einem Geräusch, das manchmal jenem zusammenstoßender Züge, manchmal dem eines brechenden Baumes gleicht, sucht er Flüsse und Meere heim und verschreckt Fischer und Matrosen. Oft stellt er Pferden „ein Beinchen", reißt dann den am Boden liegenden Reiter empor und reitet mit ihm in halsbrecherischem Tempo über Berg und Tal, bis Letzterer endlich den Halt verliert und kopfüber in ein Sumpfloch stürzt. Dennis O'Rourke kann uns von einer solchen „Achterbahnfahrt" erzählen:

Eines Tages besuchte Dennis den Markt in Galway. Nach einem zünftigen Umtrunk machte er sich spät abends auf den Heimweg und kam an einer Feenfestung vorbei. Dort fiel er müde und erschöpft in den Straßengraben.

Als er so mit schwerem Kopf dalag und nicht wieder hoch kam, hörte er den Hufschlag eines herannahenden Pferdes. Kurze Zeit darauf erkannte er einen schwarzen Hengst und begann vor lauter Angst zu jammern. Denn natürlich handelte es sich nicht einfach um ein Pferd, sondern um einen Phouka. Dieser ließ sich jedoch von dessen Gewinsel nicht milde stimmen. „Hör mit deinem Gejammer auf, sonst tret ich dich bis ans Ende der nächsten Woche!", sagte er harsch. Aber Dennis heulte weiter, und so versetzte ihm der Phouka einen Tritt in den Rücken, dass ihm die Luft wegblieb. Dann herrschte er ihn an: „Steh endlich auf, du Heulsuse, ich lass dich auf mir nach Hause reiten!" Aber Dennis fand dieses Angebot unangemessen: „Bitte, Euer Ehren, ich kann nicht", flehte er um Gnade. „Ich hab ja viel zu viel getrunken und gegessen. Und dann auch noch geraucht. Mir ist speiübel ... Ach was, ich glaub, ich hab mich vergiftet!"

„Hab ich mir schon gedacht, dass du gesoffen hast", entgegnete der Phouka wenig charmant. „Du stinkst wie

eine ganze Whiskeybrennerei und deine Nase ist rot wie der Kamm eines Truthahns." Dann packte er Dennis mit den Zähnen am Kragen und zog ihn hoch.

„Ich würde es doch vorziehen, zu Fuß zu gehen. Beim Reiten wird mir nämlich auch immer so schwindelig", versuchte Dennis nun abermals das Schlimmste abzuwenden. Doch das dunkle Geschöpf ließ nicht mit sich verhandeln. Es schleuderte ihn hoch, und kaum hatte Dennis seine Mähne ergriffen, machte der Phouka den ersten Satz, tausend Fuß hinab ins Tal. Dann ging es wieder hinauf, über den nächsten Berg hinüber, ins Meer hinein und wieder hinaus. Als Dennis schon nicht mehr wusste, wo ihm der Magen stand, hielt der Phouka endlich am Ausgangspunkt an und warf ihn ab. Dort fand man ihn am nächsten Morgen schlafend vor. Neben ihm türmten sich wie ein Mahnmal die unverdauten Überreste seiner Zecherei vom Vorabend.

Wie der Phouka wurde, was er ist

Zur Zeit des Königs Bryan-Boru, als Irland noch voller Geister, Feen, Hexen und Teufel war, war auch der Phouka noch nicht so zahm wie heute. Als Gesandter Satans herrschte er über alles, was sich des Nachts ereignete, und nicht wenige, denen er nach der Dämmerung begegnete, zumeist Trunkenbolde, die aus einer der schon damals zahlreichen Kneipen torkelten, brachte er kurzerhand (oder genauer: kurzen Fußes) um die Ecke. Er konnte nämlich so hart zutreten, dass die Knochen eines Menschen zu Pulver wurden. Verschont wurde nur, wer zu wohltätigen Zwecken unterwegs war. Der Sünder aber (und wer ist frei von Sünde?) fand sich oft inmitten eines Hexenrings wieder. Dort wurden ihm alle Glieder einzeln aus den Gelenken gerissen, woraufhin der Phouka mit dem herausströmenden Blut auf seine Gesundheit anstieß. Wenn dem Geist dagegen gerade ein Bad zusagte, hievte er sein Opfer wie einen leeren Kartoffelsack auf seinen Rücken und sprang mit ihm von einer Klippe ins Meer, wo der Sterbliche dann seinem Namen entsprach und ertrank.

Erst König Bryan-Boru machte dem ein Ende. Auch er mischte sich zunächst in die nächtlichen Umtriebe nicht ein, zumal in so gut wie keinem Fall Anzeige erstattet wurde. Eines Abends aber wurde das Kind der Königin krank und der Herrscher befahl seinem Diener Riley, er möge seine weiße Stute nehmen und den Arzt holen. Nun musste dieser, um zum Doktor zu gelangen, über den Corkshrew Hill reiten, der als besonders risikoträchtig galt. Dies tat er, wenn auch widerstrebend und zum letzten Mal.

Zwar erholte sich das Kind bald darauf (wohl, weil ihm der Arzt erspart geblieben war), aber der König fragte sich doch, was mit Riley und vor allem mit seiner Stute geschehen war. Deshalb ließ er nach ihnen suchen, jedoch ohne Erfolg. Als man allerdings ein einzelnes Haar vom Schweif des Pferdes fand, war dies ein untrügliches Zeichen, dass das Pferd von einem Phouka entführt worden war.

„Was sind das für Zeiten, wenn jetzt schon Pferde von diesen Unholden gestohlen werden!", jammerte der König und glaubte sich in absehbarer Zeit ruiniert. Und woher würde er nochmals eine so herrliche weiße Stute bekommen? Die Situation war dermaßen ernst, dass sich Bryan-Boru in seine Bibliothek zurückzog und aus einem Bücherregal ein dickes Buch mit kleiner Schrift herauszog, das auf alle Geheimnisse der Welt eine Antwort wusste.

Er las sieben Tage und Nächte lang, dann hatte er den richtigen Paragrafen gefunden, nämlich jenen, der darüber aufklärt, wie man einen Phouka bezwingt. Noch am selben Tag streifte er durch die Wälder und sammelte die Ingredienzen für einen Zaubertrank. Zuletzt benötigte Bryan-Boru nur noch drei Haare aus dem Schweif des Phoukas. Doch zu seinem Leidwesen konnte er trotz der Aussetzung einer hohen Belohnung niemanden dazu bewegen, das Risiko eines Phouka-Tritts einzugehen.

Just da half dem König der Zufall. Es geschah nämlich, dass der Phouka einen Seemann entführen wollte, der sich bei seinem Landgang kräftig einen hinter die Binde gegossen hatte. Er ritt mit ihm fort, doch sprang er so wild, dass der Seemann vom Rücken herunterfiel.

Des Zufalls nicht genug: Als man ihn fand, hatten sich um einen Mantelknopf genau jene drei Haare gewickelt, die der König für seine „Behandlung" benötigte. Gewiss, am Abend kamen ihm einige Zweifel, ob es sich tatsächlich um das richtige Haar handelte. Wenn es nämlich keine Haare aus dem Schweif, sondern welche aus der Mähne oder gar Pferdehaare waren, würde der Zauber nicht wirken und der Phouka sich mit allen vier Beinen über ihn hermachen.

Doch der König sah keinen Weg, wie er die Strähnen testen könnte, und so legte er die Beichte ab, zog Schuhe mit Sporen an, nahm eine Peitsche, holte einen Sovereign aus einem alten Strumpf und verließ mit dem rechten Fuß zuerst das Haus. Dann ging er den Corkshrew hinauf, hielt sich aber stets in Sichtweite der Kirche. Als ihre Glocken gerade zwölf Uhr schlugen, erschien vor ihm ein Pferd – oder das, was man für gewöhnlich dafür hält.

„Ziemlich schwarze Nacht, um durch die Gegend zu laufen!", sagte der Phouka.

„Ein Notfall!", meinte der König. „Eine christliche Mission. Um einer alten Dame Erleichterung zu verschaffen." Da musste der Geist lachen: „Und wie alt, wenn man fragen darf, ist die alte Dame genau?"

Der König wurde rot vor Wut, hielt ihn der Phouka doch anscheinend für einen Weiberhelden. „Hundert", sagte er entrüstet, „und so hässlich wie Belzebub."

Als der Phouka die Verärgerung des Königs bemerkte, besann er sich auf sein Anliegen und fragte ihn nüchtern, wo sie denn wohne.

„Auf der anderen Seite des Corkshrew", antwortete der König.

„Eine ganz schöne Strecke", erwiderte der Phouka. „Ich habe zufälligerweise dieselbe Richtung. Wollen Sie nicht aufsitzen?"

„Vielen Dank, aber nicht ohne Zügel und Sattel!", sagte der König mit innerer Zufriedenheit und fügte wohlkalkuliert hinzu: „Außerdem möchte ich meine Hosen nicht mit Ihrem Haar beschmutzen."

„Von wegen, dass ich Haare lasse!", war nun der Phouka beleidigt. „Ich bin keiner von diesen dahergelaufenen Gäulen, sondern ein Rassepferd!"

„Das möchte ich wohl glauben bei dem guten Irisch, das Sie sprechen. Dennoch, Sie sind jung und unerfahren, da könnte es in der Dunkelheit leicht passieren, dass Sie sich vertreten und mich abwerfen."

„So unerfahren bin ich gar nicht. Ich sehe nur jünger aus, als ich bin", erwiderte der Phouka und tappte in die Falle. „Schätzen Sie mal mein Alter!"

„Schwer zu sagen", erwiderte König Bryan-Boru und fuchtelte heimlich an der Flasche mit dem Zaubertrank herum. „Ich müsste mal Ihr Gebiss sehen, um das beurteilen zu können."

Der Phouka trat näher und öffnete sein Maul. In diesem Moment flößte der König ihm den Zaubertrank ein, legte ihm die drei Haare um Kiefer und Maul, zog die Schlingen fest, sprach das Zauberwort und bekreuzigte sich. Im selben Nu waren die Strähnen zu dicken Stahlseilen geworden, die Bryan sogleich als Zaumzeug nutzte. Er sprang auf den Rücken des Phoukas und gab ihm die Sporen. Doch weil der Zauber nur im Umkreis von sieben Meilen wirkte und der König fürchtete, dass sie der Phouka mit seinen Riesenschritten ganz schnell hinter sich gebracht hätte, lenkte er ihn immer wieder

um den Corkshrew Hill herum. So konnte er ihm so lange Sporen und die Peitsche geben, bis er aus den Flanken in Strömen blutete und vor Schmerz brüllte. Als der Morgen kam, fragte der erschöpfte Phouka, ob er nicht endlich seiner Wege gehen könne. Und da auch König Bryan-Boru müde war, willigte er unter der Auflage ein, dass der Phouka nie wieder ein Pferd, zumal nicht seines, stehlen und nie mehr einen Menschen töten dürfe, ausgenommen „nichtirische Schurken". Und wenn er jemandem einen Ritt gewähre, so müsse er ihn an den Ausgangspunkt zurückbringen. Das Untier erklärte sich einverstanden und zog gesenkten Hauptes von dannen.

Seither ist der Phouka ein anderes Wesen. Nicht nur fallen ihm wie einem gewöhnlichen Pferd die Haare aus. Auch riecht er nicht halb so streng nach Schwefel wie ehedem und das Feuer, das er ausschnaubt, strahlt längst nicht mehr so grell. Nur seine Angst vor Hauptverkehrsstraßen und seine unhöfliche Art hat er beibehalten. Letztlich aber kann er keinem etwas Böses, der fest an Gott glaubt. Deshalb lässt er sich auch gar nicht erst blicken. Ausgenommen, jemand ist betrunken. Denn wenn man betrunken ist, sieht man so manches.

Ausländer, die der Grünen Insel einen Besuch abstatten wollen, sollten sich allerdings nicht vorschnell in Sicherheit wiegen. Denn König Bryan-Boru hat dem Phouka zwar untersagt, Menschen zu töten, doch, wie gehört, „nichtirische Schurken" ausdrücklich ausgenommen. Sind nun „nichtirische Schurken" Schurken, die nicht aus Irland kommen? Oder sind alle, die nicht aus Irland kommen, Schurken? Sollte Letzteres gemeint sein, machen Sie sich, werter Irland-Tourist, auf das Schlimmste gefasst!

Ein nächtlicher Besuch

Sollte ein Phouka sogar zu etwas nützlich sein? Wenn dem so ist, empfiehlt es sich, sich ihn warm zu halten – aber nicht durch einen Mantel!

In einer Winternacht wurde ein Küchenjunge in Kildare von einem schweren Trampeln im Haus geweckt. Als er nachschaute, was es mit dem Lärm auf sich hatte, erblickte er vor dem Kaminfeuer einen großen Esel, der auf seinem Hintern saß und gähnte. Nach einer Weile sah sich das Tier im Zimmer um und kratzte sich die Ohren, als ob es ziemlich müde sei, und sagte zu sich: „Ich kann sofort oder auch erst nachher anfangen."

„Jetzt wird er mich fressen", fuhr es dem Jungen durch den Kopf. Aber der Geselle mit den langen Ohren und dem Schwanz hatte offensichtlich Sinnvolleres zu tun. Er schürte das Feuer, ging zur Pumpe, kam mit einem Eimer Wasser zurück und füllte damit einen großen Topf, den er schließlich aufs Feuer stellte. Dann zog er den Jungen wie selbstverständlich aus seinem Versteck heraus. Der glaubte an sein nahes Ende und begann wie wild zu schreien, aber der Esel schaute ihn nur an und schob seine Unterlippe vor, als wolle er ihm zeigen, wie wenig Wert er auf sein mageres Fleisch lege. Darauf stieß er ihn in seine Ecke zurück und legte sich vor das Feuer, bis das Wasser kochte. Dann suchte er das ganze Geschirr und Besteck zusammen, wusch und trocknete es so gut, wie es der Küchenjunge nie gemacht hatte, räumte alles in die Regale und Schubladen und wischte zu guter Letzt den Boden auf. Schließlich badete er den Jungen und verschwand unter lautem Zuschlagen der

Tür, nicht ohne zuvor pflichtgemäß das Feuer ausgeharkt zu haben.

Am nächsten Morgen machte die Geschichte die Runde und sorgte in der Dienerschaft für Furore. Ein jeder wusste etwas Kluges zu bemerken, doch schließlich war es ein junges Küchenmädchen, das die Sache auf den Punkt brachte: „Wenn der Puck hier sauber macht, während wir schlafen, warum sollen wir uns weiter abplagen?" Gesagt, nichts mehr getan: Am Abend ließ das Gesinde das dreckige Geschirr stehen und verzichtete aufs Ausfegen. Und tatsächlich war am nächsten Morgen alles so sauber und aufgeräumt, dass selbst der Heilige Patrick vom Boden hätte essen können.

Dasselbe geschah in den darauf folgenden Nächten. Dann aber erklärte ein wagemutiger Junge, er wolle aufbleiben und sich mit dem Puck unterhalten. Als sich in der Nacht die Tür öffnete und der Esel zum Feuer schritt, konnte er seine Angst zunächst nicht verhehlen. Aber schließlich nahm er sein Herz in die Hand und fragte den Puck: „Sehr geehrter Herr, ist es gestattet, dass ich Sie frage, wer Sie sind und warum Sie die Freundlichkeit besitzen, uns die Arbeit abzunehmen?"

Der Puck antwortete: „Durchaus darfst du mich das fragen. Ich war ein Diener des Vaters deines Herrn und der faulste Kerl, der je sein Essen bekommen hat. Als meine Zeit gekommen war, hieß es, ich solle zur Strafe jeden Abend herkommen und putzen und dann wieder in die Kälte verschwinden. Das tue ich jetzt. Bei gutem Wetter ist es nicht so übel, aber im Winter ist es schon hart!"

Fühlte sich der Junge bei den Worten des Phoukas an sich selbst erinnert und wollte er sich von einer

Schuld freikaufen? Jedenfalls fragte er ihn, ob er ihm etwas Gutes tun könne. Der Phouka antwortete, ein Mantel wäre schon hilfreich. Einige Nächte später legte ihm der Junge ein sehr schönes Stück Stoff um, das ihn vorzüglich wärmte. Der Phouka bedankte sich und machte Anstalten zu gehen. „Aber das Geschirr ... Und der Fußboden!", rief der Junge. Doch der Phouka erklärte ihm, dass seine Schuld durch die Dienste getilgt sei. Es bestünde also kein Grund mehr wiederzukommen.

Die Dienerschaft bedauerte, dass sie sich so beeilt hatte, den Phouka zu belohnen. Denn aufwärmen musste er sich an ihrem Feuer ja jetzt auch nicht mehr. Es bestand also wirklich kein Grund mehr, für sie zu arbeiten, nicht einmal der Anblick dreckigen Geschirrs, das nach den reinigenden Hufen des Phoukas schrie.

Der Fir Darrig

Der Fir Darrig ist wie der Leprechaun eine komische Figur. Er treibt Schabernack und verspottet die Menschenwelt. Verwandtschaftliche Beziehungen bestehen zum schottischen Red Cap und zum Brownie, dem englischen Hobgoblin und dem deutschen Kobold, insbesondere dem Heinzelmann.

Während sich andere irische Feen auffällig bunt kleiden, trägt der Fir Darrig ein uniformes Purpurrot (das ihm den Namen gab). Manchmal macht er sich allerdings auch unsichtbar. Doch ist er nicht allein für seine Farbe berühmt, sondern auch für seine wandelbare Stimme. Er kann sie nämlich so manipulieren, dass sie wie Wellen klingt, die gegen einen Felsen branden, oder auch so, dass sie dem Gurren von Vögeln ähnelt. Selbst Engelsmusik weiß er nachzuahmen. Seine Spezialität aber ist das dumpfe, hohle Lachen eines Toten, das aus dem Innern eines Grabes dringt.

Wie der Leprechaun, so sieht auch der Fir Darrig älter aus, als er ist. Sein Körper ist kurz und untersetzt, seine Haut faltig, sein Gesicht außerdem voller gelber Kleckse, als sei dort Buttermilch angetrocknet.

Angst und Schrecken zu verbreiten macht dem Fir Darrig am meisten Spaß. Bei Gelegenheit lädt er einen Sterblichen in eine einsame Hütte ein und fordert ihn auf, das Mittagessen zu bereiten – aber nicht irgendein Essen, sondern „Hexe am Spieß". Der Gast fällt daraufhin erst einmal in Ohnmacht. Wenn er sich dann erholt hat, ist er allein; nur ein verächtliches Lachen um ihn herum zeugt noch von der Anwesenheit des Fir Darrig.

Darum ist es bei der Begegnung mit einem Roten Mann ratsam, ihn mit einem „Mach dich nicht lustig über mich!" in die Schranken zu weisen – wenn man denn genug Zeit dazu hat, und nicht von einem seiner makabren Späße überrascht wird. Leider ist dies für gewöhnlich der Fall oder man merkt erst viel zu spät, dass man in der Falle sitzt.

Ironischerweise ist es aber gar nicht die Absicht des Roten Mannes, dem Betreffenden einen Schaden zuzufügen. Gerade umgekehrt will er ihm seine Gunst erweisen. Nur ist es seine Art, dass er ihn zuvor necken muss – als handele es sich um ein Geschäft zu beiderseitigem Vorteil.

Der Fir Darrig liebt wie die Elfen einen gewissen Komfort und meint, die Menschen seien dafür da, ihm diesen zu verschaffen. Gerne quartiert er sich daher bei ihnen ein. Wenn das Haus sich als ordentlich geführt erweist, wird er dafür sorgen, dass es der Familie gut geht. Zu den erwünschten Annehmlichkeiten gehören ein warmer Herd (im Winter), eine volle Whiskeyflasche (vorzugsweise im Winter, sonst Bier) und eine gestopfte Pfeife (immer).

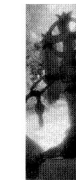

DER STÖRENFRIED

Ein besonders hartnäckiger Roter Mann war jener, der in regelmäßigen Abständen das Haus der Carrigrohan heimsuchte. Wenn es wieder einmal so weit war, hallte in den Räumen sein unirdisches Gelächter. Doch nie vergaß er es, seinen Gastgeber herzlich zu grüßen, und nie beleidigte er einen seiner Gäste.

Der Diener John Sheehan war zwar erst drei Tage im Dienst der Familie, doch hatte sich sein erster Eindruck, dass das alte Landhaus verflucht sei, schon beinahe zur Gewissheit verdichtet. Er hörte nämlich immer wieder eine merkwürdige Stimme, die so hohl klang, als ob ein Mann in ein Fass hineinspreche. Sie verhöhnte ihn und trieb mit ihm Scherze. Dies wäre nicht mehr als ärgerlich, doch der Umstand, dass alle Versuche Sheehans scheiterten, den Sprecher ausfindig zu machen, legte nahe, dass die Laute auf unnatürliche Weise zustande kamen. Und sprach nicht auch die Erscheinung des Herrenhauses für seine Gespenstertheorie? Die heruntergekommene Villa stand in einiger Entfernung zur Straße. Sie war von einer weiten, aber eintönigen Rasenfläche umgeben, auf der ein paar alte Bäume standen. Am fleckigen Äußeren des Gebäudes hatte das Wetter gearbeitet. Der Putz fiel ab, das Dach zeigte einige weiße Stellen. Im Haus selbst war es dunkel und ungemütlich, der große Saal war in einem trostlosen Zustand, überall hatte sich die Feuchtigkeit eingenistet. Kurz: Es war eindeutig eine wunderbare Herberge für zwielichte Charaktere.

So verwundert es auch nicht, dass Sheehan, als er wieder einmal eine Verfolgungsjagd durch den großen

Saal und den Garten hinter sich hatte und es ihm nicht gelungen war, die Stimme zu orten, gereizt ausrief: „Jetzt ist endgültig Schluss! In diesem Spukhaus bleibe ich keinen Tag länger!"

„Ho, ho, ho! Sei ruhig, John Sheehan, sonst wird dir noch Schlimmeres passieren!", maßregelte ihn die Stimme. Sofort wollte sich John wieder auf die Suche nach Teigue machen, denn unter diesem Namen hatte sie sich ihm am ersten Tage förmlich vorgestellt. Doch der Rote Mann sagte ihm nur: „Gib's auf und kümmere dich lieber um das Essen für die Gesellschaft aus Cork, die heute kommen wird. Es ist Zeit, den Tisch zu decken!"

„Keinen Tag bleibe ich länger hier!", wiederholte sich John, was ihm jedoch nur eine weitere Bosheit einbrachte: „Halt den Mund! Und stehle meinem Mr. Pratt keine Löffel, so wie du es bei Mr. Jervois gemacht hast!" John Sheehan wurde rot. Wie konnte er von den Löffeln wissen? Nur Tim Barrett wusste davon, und der lebte jetzt am anderen Ende der Welt. „Wer bist du?", fragte John. Worauf er wegen seiner Naivität ein unirdisches Lachen zur Antwort bekam sowie die kurze Feststellung: „Wir sehen uns dann beim Abendessen!"

Bis dahin hatte sich Sheehan einigermaßen erholt. Die Gäste wurden zum Tisch geführt und genossen das ausgezeichnete Mahl. Da meldete sich die Stimme vom Rasen und forderte einen Gast, den pensionierten Oberst Pratt, auf, ihm das Essen zu reichen. Der Hausherr fing an zu lachen und erklärte den verunsicherten Gästen, was es mit der Stimme auf sich hatte, dass es Teigue sei, der das Haus manchmal besuche und sich auf ihre Kosten seinen Spaß machte. Inzwischen stelle man ihm immer Speis und Trank hinaus. Er nehme es aber

immer erst dann zu sich, wenn ihn niemand beobachte. Der Oberst beschloss, Teigue aufzulauern. Er als erfahrener Soldat habe ja die besten Voraussetzungen dafür, sagte er, was ihm jedoch nur Teigues Lachen einbrachte. „Dir wird dein Hunger schon vergehen! Ich werde dich höchstpersönlich dazu bringen, dass du dich zeigst!", geriet der Oberst in Rage. Er zog sein Schwert und sprang hinaus auf den Rasen. Aber wie sehr er die Stimme von einem Ende des Gartens zum anderen auch verfolgte, er konnte Teigue nicht stellen. Umgekehrt gelang es diesem, ihn über die Grenzen des Grundstücks hinweg auf das weite Feld zu locken. Über Hecken und Gräben ging es schließlich auf eine Klippe am Lee hinauf, der hier besonders tief und schwarz war, weshalb die Stelle „Höllenloch" hieß. Als der Oberst dort sein Taschentuch zückte und sich den Schweiß von der Stirn wischte, sagte die Stimme ihm: „Hier kannst du dich abkühlen. Wenn du ein Soldat bist, Oberst Pratt, dann spring! Teigue wird jedenfalls eine Runde schwimmen! Wir sehen uns in zehn Minuten am Haus!" Dann hörte der Oberst unter sich ein schweres Plumpsen. Doch auch jetzt sah er niemanden.

Zurück im Landhaus erzählte der Oberst den verschmitzt lachenden Gästen, was in der Zwischenzeit geschehen war. Kaum war er fertig, meldete sich auch Teigue wieder zu Wort und bestellte erneut sein Essen. Als der Oberst dem Hausherrn das Zeichen seiner Kapitulation gab, stellte man einen Teller auf den Rasen unterhalb des Fensters und versuchte, Teigue heimlich zu beobachten. Doch der Teller blieb unberührt. Zuletzt rief der Rote Mann, man solle ihn in Ruhe essen lassen und sich vom Fenster zurückziehen. Vor allem sollten die

Kinder von dem Baum herabklettern und hinter der Gartenmauer verschwinden. Bei diesen Worten drehten sich alle Gäste zu ihnen hin. Tatsächlich, sie hatten sich dort versteckt, denn man sah jetzt, wie sie ihre Beobachtungsposten verließen. Als man sich daraufhin wieder dem Teller zuwandte, war er leer. Das Einzige, was ihnen vom Fir Darrig blieb, war ein schelmisches „Dankeschön“. So geschah es noch oft, doch nie wurde Teigue gesehen.

Der Ausflug nach Jamaica

Obwohl der Fir Darrig Bequemlichkeit zu schätzen weiß, ist er Abenteuern nicht abgeneigt. Wenn Feen aus anderen Landesteilen bei ihm einfallen, gibt er seine Einsiedlerexistenz zwischenzeitlich auf, besteigt sein Pferd und kommandiert mit beachtlichem Erfolg die einheimische Feenarmee.

Wenn Sterbliche dann seinen Weg kreuzen, kann es allerdings passieren, dass er sie im Eifer des Gefechts in ein Schlachtross verzaubert und sattelt und zäumt. So geschah es jedenfalls Diarmuid Bawn:

Ein stürmischer Abend im Herbst. Die Burkes hatten es sich am warmen Kamin gemütlich gemacht. Patrick Burke streckte, in seinem Lehnstuhl sitzend, die Beine weit von sich und paffte an seiner Pfeife. Die beiden kleinen Jungen waren damit beschäftigt, in der Asche Kartoffeln zu rösten. Frau Burke flickte einen alten Mantel und Judy, die Magd, sang fröhlich zum Quietschton ihres Spinnrades. Nichts hätte dieses Idyll bis zum Schlafengehen gestört, hätte nicht Frau Burke plötzlich den Schrei einer Banshee vernommen. Sogleich bekreuzigte sie sich ängstlich. Doch ihr Mann meinte nüchtern, es sei nur das alte Tor, das im Wind schwingt.

Indes, kurze Zeit darauf klopfte es heftig gegen die Tür. Sofort begann die Frau zu beten und Judy, die Magd, rief alle Heiligen, die ihr einfielen, zur Hilfe gegen das lauernde Unglück. Unterdessen versteckten sich die Kinder unter dem Bett.

„Was ihr alle habt!", gab sich Patrick gelassen und zog zur Demonstration seiner Gemütsruhe ein weiteres

Mal an der Pfeife. Dann befahl er Judy, die Tür zu öffnen. Doch die Magd, die ihre Aufzählung der Heiligen noch nicht abgeschlossen hatte, wollte sich partout nicht opfern. Solle sie es etwa wie ihr Großvater riskieren, in ein Pferd verwandelt zu werden? Nein, da möchte er, Mr. Burke, doch lieber selbst die Tür aufmachen!

Also ging Patrick mit durchaus gemischten Gefühlen zum Eingang und öffnete. Herein trat der junge Gutsherr mit einem Gewehr in der Hand und einer Meute Hunde hinter sich. Merklich erleichtert bot Patrick ihm eine warme Decke an.

Warum man ihn so lange habe stehen lassen, fragte der Gutsherr und Patrick antwortete, Judy habe Angst vor dem guten Volk gehabt – nachdem, was mit ihrem Großvater geschehen sei. Der Gutsherr wurde neugierig und Patrick erzählte ihm die Geschichte vom alten Diarmuid Bawn, der einen kleinen Bauernhof in den Bergen besaß:

Eines Abends ging Diarmuid über seine Felder und war ziemlich betrübt darüber, dass der Fluss Hochwasser führte und er ihn nicht überqueren konnte, um Tabak zu kaufen. Als er zur alten Festung auf einem der Felder kam, erblickte er vor sich eine große Feenarmee, die sich zum Abmarsch bereitmachte. Ob sie alle fertig seien, fragte jemand, der wie ein General gekleidet war. Nein, rief ein ganz in Rot gekleideter Kerl, wenn man ihm kein Pferd besorge, müsse er zurückbleiben und man verlöre die Schlacht.

„Da ist Diarmuid Bawn", sagte der General und zeigte auf Judys Großvater, „mach ein Pferd aus ihm!"

Natürlich hatte Diarmuid große Angst, als er das

hörte, doch er entschloss sich angesichts seiner ausweglosen Lage, mutige Miene zum bösen Spiel zu machen. Hastig sprach er noch ein paar Gebetzeilen und bekreuzigte sich. Dann hatte ihm der kleine Fir Darrig – schäbig grinsend – mit der flachen Seite seines Schwertes einen Hieb versetzt. Sogleich war Diarmuid in ein Pferd verwandelt und flog mit dem Fir Darrig auf seinem Rücken über den Atlantik bis nach Jamaica. Dort führten die Feen einen blutigen Kampf gegen das einheimische gute Volk. Diarmuid hielt sich mannhaft und kämpfte fair, bis einer der Jamaicaner mit seinem Schwert ausholte und ihn unter dem linken Auge traf. Da verlor er seinen Gleichmut, sprengte mit dem Fir Darrig auf seinem Rücken in die Reihen des Feindes und schlug wie wild mit den Läufen aus, sodass sich die feindlichen Dragoner zurückziehen mussten. Dann wurde der Sieg gefeiert und man ließ Diarmuid hochleben. Bevor man in die Heimat zurückflog, nahm jede Elfe noch eine Handvoll Tabak an sich. Zu Hause fiel der Bauer in einen tiefen Schlaf.

Als er am nächsten Morgen erwachte, war der Rote Mann verschwunden. Diarmuid glaubte zunächst, alles sei ein Traum gewesen. Doch dann sah er in der alten Festung einen großen Haufen Tabak und bemerkte, dass ihm unter dem linken Auge Blut herablief. Er hatte also tatsächlich an der Schlacht teilgenommen und war, gewiss aufgrund des Kirchenliedes, dessen Text er sich einst zum Schutz gegen Scharlach auf einem Papierstreifen um den Hals gehängt hatte, dem Tod entronnen. Denn nichts anderes als eine Art von Scharlach war es ja, als der kleine Rote Mann die ganze Nacht über auf seinem Rücken saß und ihm die Peitsche und die Sporen gab.

Wie zur Bestätigung seiner Ansicht hörte er eine Stimme, die ihm zuflüsterte, nur durch ihn, Diarmuid, sei der Kampf gewonnen worden. Und wenn man wieder ein kluges Pferd suche, dann würde man gewiss auf ihn zurückkommen. Wer es war, der das sagte, konnte Diarmuid allerdings nicht erkennen.

Mit diesen Worten endete Patrick Burke seine Geschichte und der Gutsherr verabschiedete sich, denn der Sturm hatte sich gelegt. Als er schon aus dem Haus war, rief Patrick ihm nach: „Nur noch eine kleine Ergänzung: Geben Sie Acht! In genau so einer Vollmondnacht hat der Fir Darrig Diarmuid Bawn erwischt!"

Der Gast

Nicht immer ist ein Fir Darrig ein lustiger Gesell. Und dennoch möchte man ihn manchmal bei sich haben. Denn wie die Elfen, so bringt auch er dem Glück, der ihm ein warmes Quartier bietet. In Ballyrahenhouse am Fuße der Berge von Galtee erzählte man sich die folgende traurige Geschichte:

An einem Maiabend saß Ellen mit ihren Eltern, Geschwistern und Nachbarn um das im Kamin brennende Torffeuer herum. Draußen regnete es Bindfäden und ein orkanartiger Wind fegte über das Dach, sodass sie fürchteten, er würde es abdecken. Plötzlich klopfte es und die gebrochene Stimme eines alten, schwachen Mannes bat um Einlass. Als Ellens Bruder Tim die Tür entriegelte, trat ein verschrumpeltes, vom Wind gegerbtes, gerade einmal zweieinhalb Fuß großes Männlein herein. Es trug einen blutroten Hut, hatte ein ovales, gelbes Gesicht und einen Mund, dessen Lippen so runzelig waren wie die Hände einer Wäscherin. Seine Augen waren blau, die Nase kurz. Das Haar, das unter dem Hut hervorquoll, war grau und lang und wallte über seinen scharlachfarbenen Mantel, der wie eine Schleppe über den Boden streifte. Dazu trug der Alte Reithosen aus Cord und über die spindeldürren Beine Wollstrümpfe, ferner Schuhe mit Schnallen.

Als die Anwesenden ihn erblickten, verkrochen sie sich sogleich in die hinterste Ecke der Stube, beobachteten ihn aber aufmerksam. Der Zwerg seinerseits kümmerte sich keinen Deut um die Bewohner. Er hockte sich vielmehr wie ein Frosch vor das Feuer und zog die

Enden des Mantels zum Trocknen über das Knie. Dann nahm er die Pfeife, die Ellens Vater vor Schreck hatte fallen lassen, und begann daran zu ziehen, sodass der Raum bald rauchgeschwängert war. Währenddessen starrte das Männlein unablässig ins Feuer und niemand wagte, es anzusprechen. Endlich stahlen sich die Nachbarn fort und die Familie zog sich ins Schlafzimmer zurück, wo sie noch lange diskutierte, was geschehen sollte, wenn der Mann einfach bliebe. Doch am nächsten Morgen war alles so ruhig und aufgeräumt, als hätte der Abend nicht stattgefunden.

Nach einem Monat kam der Rote Mann regelmäßig. Er gab der Familie stets ein Zeichen, dass sie sich entfernen sollte, denn offensichtlich mochte er es nicht, wenn man ihn beobachtete. Dazu führte er sein schmales, haariges Ärmchen durch das Schlüsselloch. Wenn es so weit war, eilte die Familie ins Schlafzimmer und der kleine Mann nahm am Feuer Platz. Dann rauchte er die Pfeife des Vaters, die er zu seiner eigenen gemacht hatte, und wärmte sich bis zur Dämmerung. Am Morgen fand man nicht das geringste Zeugnis seiner Anwesenheit. Überhaupt wusste niemand etwas von ihm oder hatte eine Ahnung, wohin er verschwand. Nie auch sprach man in der Nachbarschaft über ihn.

Manchmal, wenn Besuch zugegen war, achtete die Familie nicht auf die Hand. Dann kam über das Vieh Unglück. Die Kühe wurden Opfer eines Schlages, oder der böse Blick hatte sie getroffen. Einmal, als einer der Nachbarn im betrunkenen Zustand zur Tür hinüberging und auf die Hand schlug, sodass sie sich blitzschnell zurückzog, waren die Folgen noch schlimmer: Der Nachbar starb binnen eines Monats. Und noch eine weitere Merkwürdigkeit trug sich zu. Eines Abends weigerte sich Ellens Bruder Dan, die Tür zu öffnen. Als er am nächsten Tag zum Torfstechen ging, wurde er mit einem Stein beworfen. Glücklicherweise traf er nur den Spaten, den er in zwei Teile brach, sonst hätte er wohl Dan erschlagen. Als dieser nun die zwei Teile zusammenfügte, bildeten sie ein Herz. Später verlor Dan die eine Hälfte, doch die zweite behielt er und polierte sie auf. Kühe tötete sie auf der Stelle oder ließ sie anschwellen. Aber wenn man den Feenstein nahm, unter das Euter legte, die Kuh dann bis zum letzten Tropfen molk und sie die eigene Milch trinken ließ, wurde sie wieder gesund und entwickelte sich prächtig.

Trotz all dieser Vorfälle zeigte sich doch bald, dass es der Familie, solange sie den kleinen Mann gewähren ließ und nach dem haarigen Arm im Schlüsselloch Ausschau hielt, ausgezeichnet ging. Als sie bemerkte, dass ihr der Fir Darrig Glück brachte, freute sie sich regelrecht, ihn wieder zu sehen. Zuletzt genoss sie einen so großen Wohlstand, dass der Gutsherr Notiz davon nahm und neidisch wurde. Er fragte Ellens Vater, wie er zu dem Geld gekommen sei, und wollte ihm ein Stück Land zu einem horrenden Zins andrehen. Als dieser sich weigerte, das Grundstück zu pachten, verstieß ihn der Gutsbesitzer von seinem Land und aus dem Haus.

Jetzt ging es mit der Familie bergab. Ellens Vater, ein sanftmütiger und den Härten des Lebens nicht gewachsener Mann, ließ sich von falschen Freunden ausnehmen, bis sein Geld zuletzt fast aufgebraucht war. Dem Gutsbesitzer erging es nicht besser. Er starb kurze Zeit

darauf. Die Familie versuchte daraufhin, in das alte Haus zurückzugelangen, aber die Miete war inzwischen viel zu hoch angesetzt. Deshalb quartierten sie sich in eine billige Hütte in der Nähe ein und warteten dort jede Nacht auf den Fir Darrig. Doch er wollte nicht kommen. Nun machten sie sich eines Nachts zu ihrem früheren Haus auf, nahmen die Tür aus den Angeln und rissen den Ofenraum heraus, um ihn bei sich wieder einzusetzen. Denn sie nahmen an, dass der kleine Mann eine besondere Bindung zu ihm habe. Doch die Familie sah ihn nicht wieder. Mit ihm war das Glück für immer gegangen. Die Eltern starben bald darauf.

Ned Sheehys Entschuldigung

Ned Sheehy, Diener bei Esquire Richard Gumbleton aus Mountbally, Gumbletonmore, im Norden der Grafschaft Cork, wies alle Merkmale auf, die ihn als schlechtesten Hausangestellten der Gegend qualifizierten: Er war faul, trank, log und bummelte. Letzteres hatte er geradezu zu seinem Markenzeichen gemacht. Wenn ihn ein Botengang an einem Wirtshaus vorbeiführte, war mit einer Rückkehr in den nächsten Stunden nicht mehr zu rechnen. Denn da er sehr gesprächig war, hatte er viele Bekannte und verquatschte sich regelmäßig mit ihnen. Gleichzeitig war Ned, was seine Entschuldigungen anbetraf, äußerst kreativ. Doch im Grunde war er ein gutmütiger Kerl und wusste sich im Haus durchaus nützlich zu machen. Er war nämlich das Mädchen für alles, Butler, Hausmeister und Stallknecht in einem. Vor allem mit Pferden kannte er sich aus. Er wusste sie zu zäumen, zuzureiten und zu beschlagen. Auch sagte man ihm nach, dass er ein Pferdeflüsterer sei und mit ihnen sprechen könne. Aufgrund dieser Begabung brachte es Mr. Gumbleton auch nach Jahren der fadenscheinigsten Ausreden nicht über sich, ihn zu entlassen. Zumal es wohl auch schwer geworden wäre, jemanden für eine solche Allroundertätigkeit zu finden.

An einem kalten Wintertag trug Mr. Gumbleton seinem Diener auf, seine Stute Modderaroo zum Tierarzt zu bringen, damit er sich ihre Knie anschaue, denn sie hatte sich bei einem Ritt in der vergangenen Nacht verletzt. Spätestens in einer Stunde solle er zurück sein, denn am Abend käme Baron Augustus O'Toole mit Familie, und die Teller sollten zum Dinner blank geputzt sein.

Ned stieg sogleich auf das Pferd und machte sich auf den Weg. Natürlich war er auch um sechs Uhr, als sich die Gäste schon längst eingefunden hatten, noch nicht zurück und niemand deckte den Tisch, geschweige denn servierte das Essen. Mr. und Mrs. Gumbleton schäumten vor Wut und versuchten notdürftig, ihren Besuch mit exzellentem Rotwein bei Laune zu halten.

An diesem Abend ging Mr. Gumbleton sehr verärgert zu Bett und seine Wut wuchs abermals, als er am nächsten Morgen erfuhr, dass Ned noch immer nicht da war. Er machte sich also auf die Suche nach dem Säumigen. Kaum war er ein paar Minuten gegangen, fand er ihn im Tiefschlaf an einer Hecke liegend. Das Pferd stand schwer angeschlagen daneben und zitterte vor Kälte und Erschöpfung.

Anhand der Gesichtszüge und der unordentlichen Kleidung konnte Mr. Gumbleton sofort erkennen, dass Ned in der Nacht ein gefährliches Abenteuer durchgemacht haben musste. Zumindest war er auf höchst unübliche Weise vom Pferd gestiegen, denn ein Schuh hing im Steigbügel und Neds Hut lag im Matsch.

Mr. Gumbleton interessierte sich nicht weiter für die Einzelheiten, sondern weckte seinen Diener gleich mit einem Peitschenhieb. Ned schrie wie am Spieß, doch Mr. Gumbleton zeigte keinerlei Mitleid. Er brauche gar nicht erst mit seiner üblichen Entschuldigungslitanei beginnen, wütete der Esquire, er sei seine Unzuverlässigkeit ein für alle Mal leid, er werde ihn nun endgültig entlassen. Ned antwortete, nein, diesmal habe er gewiss nicht getrunken, auch wenn es vielleicht so aussehe. Und überhaupt sei es wirklich seine Schuld nicht, dass er seinen Termin nicht eingehalten habe. Der Herr möge sich

nur seine Geschichte anhören und danach entscheiden, was aus ihm werden solle. Dann legte er los, ohne noch ein weiteres Wort seines Herrn abzuwarten:

Er war nicht mehr als eine halbe Meile geritten, als es plötzlich sehr dunkel wurde, so als ob die Sonne vom Himmel gefallen sei. Tatsächlich war es aber erst vier Uhr nachmittags. Er versetzte die Stute in einen leichten Galopp, wurde gleichwohl nicht nervös, weil er den Weg gut kannte. Als er dann zu Terence Leahys Feld kam, hörte er leise den Ruf des guten Volkes im Wind, und da es, wie jeder vernünftige Mensch ja weiß, das Beste ist, den Elfen aus dem Weg zu gehen, lenkte er das Pferd ein wenig nach links, um ihnen auszuweichen. Da aber vernahm er die Stimme unmittelbar hinter sich: „Ned! Ned! Bei meiner roten Kappe! Du bist so gut wie tot!"

Da fuhr die Angst in ihn und er machte sich so schnell wie möglich aus dem Staub. Bald hatte er in der Dunkelheit völlig die Orientierung verloren, obwohl er die Gegend doch ausgezeichnet kannte. Zwar nahm er das Rauschen eines Flusses wahr, doch konnte er sich keinen Reim darauf machen, um welches Gewässer es sich handelte. Als er nun, da er nichts sehen konnte, um Hilfe rief, kam keine andere Antwort zurück als sein eigenes Echo, das wie das Gekläffe von hundert Hunden klang.

Daher stieg er von Modderaroo ab und beide tasteten sich, gleichermaßen vor Angst schlotternd, vorsichtig am Flussufer entlang. Wie es der Zufall wollte, leuchtete ihm schließlich aus einem Haus ein Licht entgegen. Also ging er hinüber und klopfte dreimal kräftig an die Tür. Kurz darauf hörte er drinnen eine raue, hohl klin-

gende Stimme: „Öffne die Tür für Ned Sheehy." Woher wusste der Sprecher, wer vor der Tür stand, er hatte sich doch gar nicht vorgestellt, wunderte sich Ned und wusste nicht, ob er bleiben oder fliehen sollte. Da trat ein Mann mit einem aschfahlen Gesicht vor ihn, aus dem sich zwei Glubschaugen herausschraubten, und nahm ihm die Entscheidung ab. „Wie groß du geworden bist, Ned", sagte er. „Komm nur herein. Deine Freunde warten schon auf dich."

„Mein Herr, sind Sie nicht Jack Myers, der vor sieben Jahren in der Furt von Ah-na-fourish ertränkt wurde?", fragte ihn Ned.

„Ich denke schon", erwiderte der Angesprochene und fügte hinzu: „Hat einer nicht das Recht, in der Furt ertränkt zu werden und dann einmal die Woche seine alte Hütte zu besuchen? Doch kein Wort mehr davon. Komm herein und trinke einen mit uns."

Dem konnte Ned nicht widerstehen, zumal ihm in Anbetracht der Kälte auch das Feuer verheißungsvoll schien. So machte er Modderaroo fest, trat in die Stube und nahm auf einem Stuhl Platz, den ihm Jack Myers anbot. Als er gerade das Glas zum Mund führte, fragte die hohle Stimme von eben aus einem Schrank heraus: „Ned, hast du irgendwelche Neuigkeiten aus Mountbally für mich? Oder von der Mühle? Oder von Moll Trantum, der letzte Woche geheiratet hat, du warst ja auf seiner Hochzeit?"

„Nein", sagte Ned.

„Was suchst du dann hier?", fragte die Stimme.

Nun wollte Ned nicht unverschämt wirken, und so zog er es vor zu schweigen, statt den wahren Grund seines Daseins, nämlich den in Aussicht gestellten Tropfen sowie die Wärme des Kaminfeuers, anzugeben. Die Stimme aber sagte trocken zu Myers: „Wirf ihn hinaus."

Als sich Ned darauf zu dem Angesprochenen drehte, drohte dieser ihm schon mit einem Stock. Ned ließ sein Glas fallen und nahm die Beine in die Hände. Er lief und lief, bis er sich in einem großen Wald wiederfand, aus dem ohne Modderaroo wohl kein Herauskommen mehr war. Als er sich die Tristesse seiner Lage so recht bewusst gemacht hatte, hörte er plötzlich ein schrecklich trauriges Jammern, als gelte es, seine Misere noch zu überbieten. Dann erblickte er vier Männer mit einem schwarzen Sarg, die auf ihn zukamen. Warum sollte in diesem einsamen Wald eine Beerdigung stattfinden? Instinktiv flüchtete Ned auf einen Baum. Die Männer hielten jedoch genau unter ihm an, stellten den Sarg ab und entzündeten ein Feuer. Dann öffneten sie den Sarg und zogen einen Mann heraus. Sie spießten ihn auf und hievten ihn über das Feuer. Ned befiel die unbestimmte Ahnung, dass es wohl Kannibalen seien. Und das in Irland!

„Wer soll ihn drehen, während wir die Zutaten besorgen?", fragte einer der Männer.

„Natürlich Ned Sheehy, wer sonst!", erwiderte der Nächste.

„Komm runter, Ned Sheehy, und dreh den Spieß!", rief der Dritte gen Baumwipfel. Und um nicht selbst auf dem Feuer zu enden, stieg Ned eilig herab und machte sich an seine Aufgabe, unterdessen die Männer verschwanden.

„Verbrenn mich bloß nicht, Ned Sheehy, unzuverlässiger Rumtreiber", schnauzte ihn der Aufgespießte an.

„Sie sind gar nicht tot?", wunderte sich Ned.

„Nein, bin ich nicht", knurrte der Mann und forderte den Diener auf, ihn etwas zu drehen. Ned tat es, doch der Aufgespießte fand, es sei noch zu wenig. Also tat Ned es noch schneller, doch nun fand der andere es zu schnell. Und wie ihn Ned auch immer drehte, nie war es ganz richtig. Schließlich war er es leid und sagte dem Braten in spe, er solle sich doch selbst wenden. Dann rannte er fort. Der Mann aber hoppelte ihm im halb garen Zustand hinterher und ließ bei seiner Verfolgung nicht locker. Ned glaubte, seine letzte Stunde habe geschlagen, doch wie es der Zufall ein zweites Mal wollte, befand er sich plötzlich wieder vor der kleinen Hütte am Straßenrand.

„Öffne die Tür für Ned Sheehy", sagte die Stimme, noch ohne dass er geklopft hatte. Da war es auch schon geschehen und Ned sprang ins Haus, denn im Zweifelsfall fand er es doch angenehmer, von seinem alten Bekannten Jack Myers als von einem ihm völlig Unbekannten verunstaltet zu werden.

„Hast du Neuigkeiten für mich?", fragte die Stimme wie zuvor.

„Eine Menge!", erwiderte Ned völlig aus der Puste und erzählte in allen Einzelheiten, welcher Lebensgefahr er ausgesetzt war.

„Wenn du mir das gleich erzählt hättest, hätte ich dich nicht in die Kälte hinausgeschickt", sagte die Stimme am Ende.

„Aber wie kann ich Ihnen etwas erzählen, bevor es geschehen ist?", fragte Ned ungläubig.

„Egal", sagte die Stimme, „du kannst auf dem Stroh in der Ecke schlafen! Nur weil ich dein Freund bin, wurdest du nicht getötet."

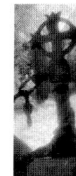

„So schlief ich wohl bis zu jenem Augenblick, da Sie mich mit der Peitsche weckten", endete Ned seinen kurzen Abriss der Geschehnisse. „Im ersten Augenblick meinte ich, vor mir stehe dieser Irre am Spieß. Deshalb habe ich auch so um mich geschlagen. Doch dann sah ich, dass Sie es waren, mein allzeit verständnisvoller Herr, und ich wusste: Ich bin gerettet!"

„Du warst mal wieder voll wie eine Haubitze!", erwiderte ihm ebendieser Herr verständnisvoll und fügte hinzu: „Habe ich nicht schon fünfzig solcher Entschuldigungen von dir?"

„Aber keine, die der Wahrheit entspricht!", meinte Ned, ohne rot zu werden, und gelobte, sollte ihm sein Herr nur noch ein einziges Mal vergeben, so würde er niemals mehr einen Tropfen anrühren, wenn er denn anscheinend, wiewohl irrigerweise, der Ansicht sei, dass ihm dies alles der Alkohol eingegeben hätte.

Darauf sagte ihm Mr. Gumbleton, er solle das Pferd nach Mountbally führen und im Übrigen sein Versprechen halten. Vor allem aber wolle er kein Wort mehr vom guten Volk hören, er glaube nämlich überhaupt nicht an seine Existenz. Was ihn aber nicht daran hindere, dem schlechten eins auf den Deckel zu geben!

„Das würde ich von dem guten Volk nicht sagen, was der Herr da sagt", meinte eine der Bediensteten, als Ned ihr die Worte des Esquire berichtete. „Die Feen werden ihn vielleicht noch den Unterschied zwischen Wahrheit und Erfindung spüren lassen." – Der Vollständigkeit halber sei erwähnt, dass binnen zwei Wochen zwei von Mr. Gumbletons besten Kühen keine Milch mehr gaben und Modderaroo tot im Steinbruch lag.

Nachbemerkung

So, das war's! Nur eins noch: Vielleicht ist dies ja der Schlüssel zum Schloss am Eingangstor zum Reich der Feen: Erzählen, was (noch) nicht ist. Vielleicht ist es das, was sie zum Leben erweckt und am Leben erhält, ja, unsterblich macht. Doch genug davon! Der Autor hat sich seinen Strohsack redlich verdient.

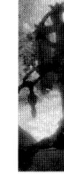

LiTERATURVERZEiCHniS

Croker, Thomas Crofton: Fairy Legends and Traditions of the South of Ireland. The Collins Press 1998.

Curtin, Jeremiah: Myth and Folk Tales of Ireland. Dover Publications 1975.

Keightley, Thomas: The World Guide to Gnomes, Fairies, Elves & Other Little People. Gramercy Books 2000.

Kennedy, Patrick: Legends of Irish Witches & Fairies. Dublin und Cork (The Mercier Press). 2. Aufl.1980.

Lady Wilde: Irish Cures, Mystic Charms and Superstitions. Sterling Publishing 1991.

Lover, Samuel und Croker, Thomas Crofton: Legends and Tales of Ireland. Bracken Books 1987.

Stephens, James: Irish Fairy Tales. Abaris Books 1968.

Jacobs, Joseph: Irish Fairy Tales. Wordsworth Editions 2001.

Jacobs, Joseph: Favorite Celtic Fairy Tales. Dover Publications 1995.

Rolleston, Thomas W.: Myths & Legends of the Celts. Senate Press 1994.

White, Carolyn: A History of Irish Fairies. Dublin (The Mercier Press) 1976.

Inhalt